VIVRE AUTREMENT

NOTE DE L'ÉDITEUR

Ce qui est proposé dans ce livre ne saurait en aucun cas remplacer un avis professionnel. L'auteure et l'éditeur déclinent toute responsabilité résultant directement ou indirectement de l'usage qui pourra être fait de cet ouvrage.

Retrouvez toutes nos nouveautés et actualités sur www.laplage.fr
Écrivez-nous :
Pour toute demande ou réclamation : info@laplage.fr
Pour envoyer vos manuscrits : edition@laplage.fr

58, rue Jean Bleuzen – 92178 Vanves cedex
Dépôt légal : octobre 2021
NUART : 5500223
ISBN : 978-2-84221-950-5

Direction éditoriale : Céline Le Lamer
Suivi éditorial : Wendy Gobin
Conception graphique et mise en page : Lucile Collet et ZS studio
Relecture : ZS studio
Fabrication : Amélie Latsch et Cécile Tabouy-Alexandre
Responsable marketing et communication :
Charlotte Couture (ccouture@laplage.fr)
Responsable partenariats :
Dana Lichiardopol (dlichiardopol@hachette-livre.fr)

Toutes les photos et illustrations sont de © Lucile Collet / La ptite noisette

Imprimé en Espagne sur du papier certifié sans chlore issu de forêts gérées durablement, avec des encres végétales sur les presses de Gráficas Estella, un imprimeur reconnu pour ses pratiques respectueuses de l'environnement.

PAPIER À BASE DE FIBRES CERTIFIÉES

la plage s'engage pour l'environnement en réduisant l'empreinte carbone de ses livres. Celle de cet exemplaire est de :
2,1 kg éq. CO_2

la p'tite noisette

VIVRE AUTREMENT

slow living • minimalisme • écologie

recettes / tests / DIY

éditions la plage

le sommaire

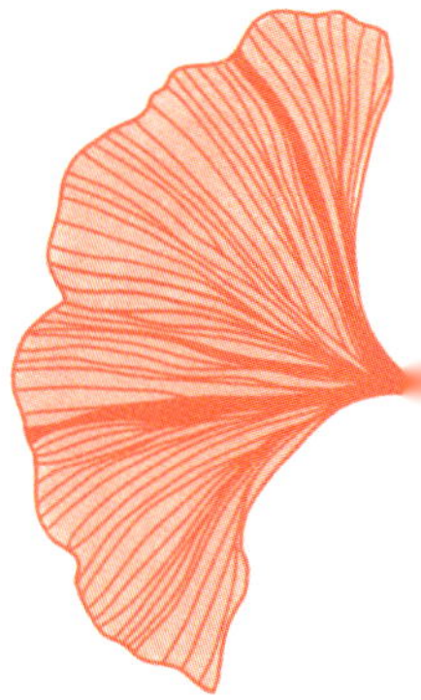

Introduction

Qu'est-ce que l'art de vivre autrement ?

Vivre autrement, c'est choisir la différence si elle nous conduit vers un monde plus responsable et plus juste. C'est comprendre que l'intention que l'on met dans nos actes définit presque autant qui nous sommes que nos actes eux-mêmes. Cet art de vivre bienveillant que nous construirons au fil des pages commence, selon moi, par une vie plus *slow*.

Le *slow*, c'est prendre le temps au quotidien pour ce qui nous est essentiel : notre « chez soi ». Notre « maison », ce lieu chaleureux où nous avons décidé de vivre, mais aussi plus spirituellement, ce corps et cet esprit qui nous servent de véhicule et de moteur.

Slow signifie « lent », c'est en effet l'éloge de la lenteur que nous enseigne chaque jour la nature. Ralentir notre rythme quotidien pour mettre plus de sens dans nos actions, être pleinement présent et conscient dans nos choix. Vivre au rythme des saisons. Donner du temps aux objets, les choisir durables et avec minutie.

Vivre *slow*, c'est accueillir chaque journée comme une opportunité de faire de son mieux. C'est donc apprendre à être résilient et accepter qu'on ne peut pas tout changer mais qu'on peut tout de même prendre une responsabilité dans le monde qui nous entoure pour le rendre plus juste et plus bienveillant.

Enfin, l'art de ce mode de vie réside dans le fait qu'il s'adapte à chacun sans culpabilisation, en rythme avec son cheminement. Dans ce livre, j'aurai donc à cœur de partager avec vous mon parcours personnel vers le *slow* à travers des conseils tirés de mes expériences pour vous aider à cette transition en douceur vers une vie plus simple et, je l'espère, plus harmonieuse.

Je vais vous ouvrir la porte de ma maison, pièce après pièce, pour vous accompagner vers de nouvelles habitudes plus justes et plus durables. Nous allons parfois voyager dans le passé, à la recherche des savoir-faire ancestraux pleins de bon sens ; nous allons aussi profiter du moment présent en mettant en place des rituels bienveillants ; nous aurons enfin un carnet de route qui nous guidera pour l'avenir afin de construire un monde plus éthique.

Ce qui est *slow*...

- Des objets dénichés en brocante
- Des fleurs qu'on a fait sécher
- Un bocal de légumes d'été marinés maison qu'on déguste en hiver
- De la vaisselle ébréchée et réparée
- Se promener dans la nature
- Un panier de légumes du marché
- Des vêtements que l'on porte et qu'on aime
- Une maison qui sent le frais
- Prendre du temps pour soi ou pour un proche
- Une plante que l'on a fait pousser
- La chaleur du bois et la douceur du lin
- Écrire au stylo-plume
- Prendre le temps de vivre

Ce qui n'est absolument pas *slow*...

- Les matières synthétiques
- Le stress
- Des placards pleins de vêtements non portés
- Le plastique jetable
- Une maison qui déborde d'objets
- Des objets tout électroniques
- Des meubles neufs produits en série
- Des plats tout préparés
- Les odeurs chimiques
- Se coucher avec son téléphone
- Être impatient et n'avoir jamais le temps de rien
- Une alimentation industrielle

Le minimalisme, le zéro déchet, être vegan… Une tendance ?

Depuis quelques années, différents modèles de consommation se sont fait connaître, voire se sont opposés sur certains points. Il me semble qu'il serait réducteur de les apparenter seulement à une tendance éphémère car ils sont en grande majorité le fruit de changements durables des mentalités en réponse aux problématiques écologiques, humanitaires et animales que nous connaissons aujourd'hui. Afin de vous expliquer plus en détail mon avis et ma démarche globale dans ce livre, j'aimerais d'abord clarifier différentes notions.

D'une part, le minimalisme est un mode de vie qui demande de posséder moins mais mieux : on va toujours privilégier la qualité à la quantité tout en questionnant ses besoins matériels afin d'éviter toute accumulation non nécessaire. En ce sens, un objet est dit « nécessaire » si nous l'utilisons, s'il nous rend service au quotidien ou encore s'il s'agit d'un objet sentimental. Au contraire, nous aurons à cœur de nous débarrasser des objets qui encombrent la maison et l'esprit, nous prennent du temps (en nettoyage par exemple) alors même qu'ils ne nous apportent aucun bénéfice, aucune joie. Vous l'aurez compris, avoir une maison minimaliste, ce n'est pas avoir une maison vide, blanche et lisse, c'est surtout avoir une maison qui nous ressemble, qui suit nos réels besoins quotidiens et non pas ceux créés par une tendance de consommation. Bref, une maison qui a du sens pour soi.

Le « zéro déchet » est un courant minimaliste qui consiste à réduire son impact environnemental en consommant des produits et des objets qui ne produiront, à terme, aucun déchet. Ainsi, chaque achat est envisagé par rapport à ce critère : « Mes objets/produits sont-ils générateurs de déchets ? » Comme dans toute démarche minimaliste, le premier objectif du zéro déchet est de réduire sa consommation, et en premier lieu de réduire ses déchets (il n'y aura pas nécessairement de prise en compte de l'impact écologique si l'objet ou l'aliment est zéro déchet). Personnellement, je respecte les principes du zéro déchet mais je n'aime pas la dénomination. J'ai remarqué que le fait de parler de « zéro déchet » avait tendance à frustrer, à mettre en place un idéal inatteignable pas très sain, ce fameux « zéro » parfois draconien dans le rapport aux déchets. Je regrette aussi que ce terme provoque autant de frustration dans l'entourage, qui se sent jugé par rapport à sa production de déchets, au lieu de l'inspirer à réduire une surconsommation inutile. Dans le fond c'est sûrement pour cela que je me considère comme minimaliste, parce que je prône une simplicité volontaire plutôt qu'une réduction des déchets. Pour moi, cela revient à voir le verre à moitié plein plutôt qu'à moitié vide.

D'autre part, vous pourriez être surpris de lire, dans ce livre, que je parle d'alimentation, de beauté... végétale durable, et non vegan. Le mode de vie vegan correspond à un refus de l'exploitation animale dans tous les domaines, entre autres :

- l'alimentation : des aliments exclusivement sans viande, sans poisson, sans œufs, sans lait, sans miel ;
- la cosmétique : des produits fabriqués sans matières animales et non testés sur les animaux ;
- la mode : des vêtements confectionnés sans fourrure, sans laine, sans cuir, sans soie... ;
- les loisirs : des cirques sans exploitation animale, pas d'aquariums, pas de zoos...

Pour autant, le véganisme ne me satisfait pas entièrement dans sa définition. Dans ma démarche, je souhaite adopter un art de vivre qui prend en compte les différents aspects qui composent notre vie et notre consommation. Ainsi je crois que la vie animale ne peut pas exister dans un écosystème détruit, et qu'un modèle industriel (même vegan) n'est pas viable ni souhaitable car il peut être surproducteur. Il me manquait donc une prise en compte de l'impact écologique.

Au quotidien, j'allie personnellement une vie minimaliste, avec le « moins de déchets possible » et une vie vegan, sans pour autant me catégoriser davantage dans une case que dans une autre. Je construis ma propre définition d'une vie éthique sans jugement, que j'aurai à cœur de respecter car elle est l'écho de mes convictions profondes.

Enfin, cette sensation de « tendance » vient peut-être du fait que certaines personnes ont « craqué » après avoir essayé d'adopter un nouveau mode de vie (vegan, zéro déchet...), renvoyant ainsi l'image à leur entourage qu'il ne s'agissait finalement pas de vraies convictions. En réalité, il me semble que ce qui a pesé lourd dans ces transitions avortées, c'est cette recherche de perfection, poussée par des règles intransigeantes. Aussi, je suis d'avis qu'il faut toujours adapter les conseils et concepts que l'on peut lire un peu partout (y compris ceux que vous lirez dans ce livre) en fonction de notre vie et de nos possibilités, en évitant les avis dogmatiques. La vie ne doit pas devenir une source de souffrance permanente par conviction, ce n'est pas un modèle sain et serein. C'est pourquoi je vous conseille de toujours faire de votre mieux. « Votre mieux » ne sera jamais équivalent au mieux d'un autre, et vous êtes la seule personne à pouvoir l'évaluer objectivement : c'est la clef d'un cheminement personnel réussi, quel que soit le domaine.

Il nous appartient donc de créer notre voie vers une vie éthique grâce à des réflexions, des remises en question et un esprit critique. Il ne faut pas avoir peur de sortir des cases pour mieux adapter et adopter des habitudes durables dans notre quotidien – ce n'est pas une course, c'est un cheminement. Et c'est pour toutes ces raisons que j'ai décidé d'adopter, au croisement de toutes ces cases, mon art de vivre autrement, un retour à ce qui me semble essentiel.

J'espère que ce livre pourra être un compagnon sur votre chemin vers une vie plus éthique et plus juste. Et n'oubliez pas que si certaines graines ne prennent pas tout de suite, cela ne veut pas dire qu'aucune graine ne poussera. Le noisetier a lui aussi, un jour, été une noisette.

Lucile

la cuisine

Vous avez l'estomac dans les talons ? Il est temps pour nous d'aller faire un petit tour dans la cuisine ! Cette pièce chaleureuse est à l'origine de tous les moments de partage conviviaux, elle rythme nos quotidiens et, en ce sens, elle a une place particulière dans mon art de vivre autrement. Ce lieu, où l'on va grignoter un petit morceau dans la journée mais aussi prendre le temps qu'il faut pour préparer un repas copieux pour nos proches, est essentiel dans une maison, aussi bien pour recharger ses batteries que pour se reconnecter à son corps. C'est en tout cas ce qu'il se passe dans ma cuisine.

Une alimentation durable

Dans cette partie consacrée à la cuisine, je vais partager avec vous mon expérience à travers quelques conseils et astuces pour évoluer en douceur vers une alimentation et une cuisine plus éthique et plus bienveillante. Nous prendrons donc le temps de savoir d'où viennent nos aliments, dans quelles conditions nous les retrouvons dans nos assiettes ou encore comment faire nos courses de manière responsable, et nous aurons à cœur de réaliser ensemble des recettes saines et gourmandes. Nous reviendrons à plus de simplicité alimentaire, vers une alimentation qui fera l'éloge de la lenteur naturelle, source de qualité, d'héritage ancestral et de partages conviviaux. Nous apprendrons donc à cultiver une vraie « *slow food* » au quotidien.

Vers une alimentation végétale équilibrée

Contrairement aux idées reçues, le choix d'une alimentation végétale n'est pas uniquement motivé par la volonté de protéger la vie animale. En effet, l'alimentation végétale peut être adoptée pour différentes raisons complémentaires : pour le bien-être animal évidemment (exploitation, fermes-usines...), mais aussi par conscience écologique (déforestation, impact des gaz à effet de serre, destruction de la biodiversité marine...) ou encore pour une assiette plus saine (sans graisses saturées, sans antibiotiques – ingérés par les animaux...). Ainsi, même si vous ne pensez pas être capable de passer à une alimentation intégralement végétale, vous aurez un impact énorme sur l'environnement et votre santé en renonçant à la viande et au poisson autant que vous le pouvez ! À ce jour, il existe énormément d'aliments alternatifs, faciles à trouver, sains, à base de plantes et avec un impact faible sur la biodiversité, et vous observerez progressivement que vos plats carnés ne vous manquent pas. Dans tous les cas, j'espère que les quelques recettes de cet ouvrage sauront attiser votre curiosité et vous révéler les saveurs conviviales de l'alimentation

L'ASTUCE DE NOISETTE

Attention aux ersatz industriels qui imitent la viande et le poisson et qui ne sont pas intéressants d'un point de vue nutritionnel. Ils sont souvent riches en sel, sucre, additifs et gluten ! Privilégiez plutôt le tofu bio (fumé ou naturel à mariner), car il s'agit d'une protéine complète fabriquée avec du soja (sélectionnez les cultures françaises ou européennes).

végétale, bien loin de l'image ennuyeuse et stéréotypée dont elle a longtemps été affublée. Elle regorge d'épices et de plats traditionnels tout autour du monde !
Bien sûr, la transition vers une alimentation végétale implique quelques ajustements de ses habitudes ; pour cuisiner différemment, il faut s'informer sur les bonnes combinaisons entre les céréales et les légumineuses, afin d'avoir un bon équilibre nutritionnel et autant de plaisir gustatif. Ainsi, je ne saurais vous parler d'une vie plus harmonieuse sans aborder la question de la vitalité : cette recherche d'équilibre dans nos vies entre notre physique et notre mental se joue beaucoup dans l'assiette. Personnellement, je trouve l'équilibre dans la mienne en réalisant des recettes végétales colorées combinant céréales, légumineuses, légumes, oléagineux et fruits.

Les céréales oubliées

L'industrie agroalimentaire, pour des questions de rendement, a uniformisé les céréales et opté majoritairement pour des farines de blé blanches raffinées, pourtant moins digestes car elles contiennent beaucoup de gluten (ce dernier est privilégié par les industriels pour son effet lourd et épaississant dans les plats), alors qu'autrefois, les variétés de céréales sur notre territoire étaient multiples et complètes, avec par exemple la touselle, cultivée dans le Gers, et le blé rouge de Bordeaux, cultivé en Charente. Ainsi en France, en Europe et dans le monde, chaque pays, chaque terroir avait sa spécialité et ses céréales. Malheureusement aujourd'hui, il suffit d'observer les champs cultivés en agriculture conventionnelle, où pas un seul épi ne dépasse, pour se rendre compte de cette uniformisation. Alors, quelle que soit votre alimentation, je ne peux que vous recommander d'y intégrer davantage de ces « céréales oubliées » aux goûts plus subtils !

Quelques céréales oubliées

- Le petit épeautre (temps de cuisson : 35 minutes)
  Aussi appelé « engrain », il est plus digeste que l'épeautre. Il a besoin de peu d'eau mais pousse lentement (d'où le fait qu'il soit boudé par l'agroalimentaire). Il est très pauvre en gluten (7 %), contient les huit acides aminés essentiels (c'est donc une protéine dite « complète ») et a un goût subtil de noisette.
- Le quinoa (temps de cuisson : 12 minutes)
  Le quinoa est une source de protéine optimale car il est complet et sans gluten : c'est l'or des Incas. Gustativement, il est comparable à un boulgour (blé dur) avec un peu plus de croquant. Il existe du quinoa rouge, noir ou blanc. Lorsque vous achetez du quinoa en magasin bio, prenez soin de le rincer avant la cuisson afin d'enlever la saponine (savon naturel qu'il contient) et ainsi en retirer l'amertume.

- Le riz (temps de cuisson : 15 minutes)
  Privilégiez toujours le riz complet, rouge ou noir, plus riche en fibres et meilleur pour le transit intestinal. Il est naturellement sans gluten. J'affectionne particulièrement le riz noir, qui est très parfumé mais qui demandera une cuisson plus longue (comptez plutôt 35 minutes).
- Le sarrasin (temps de cuisson : 15-20 minutes)
  Le sarrasin, également appelé « blé noir », n'est pas une céréale comme le blé ou l'orge. Il provient d'une plante apparentée à la rhubarbe et à l'oseille. Il est naturellement sans gluten et remplace à merveille le blé. Attention à ne pas trop le cuire car il a tendance à fondre et à se transformer en bouillie. Je le cuisine très souvent en risotto ou encore en version sucrée : il apporte du croustillant à une pâte sablée. Seul point négatif : sa farine ne se conserve que 2 mois. Il existe trois types de sarrasin : le sarrasin non décortiqué, le sarrasin décortiqué et le sarrasin décortiqué et grillé (ou « kasha »). On peut aussi trouver le sarrasin sous forme de nouilles soba.
- Le millet (temps de cuisson : 20 minutes)
  Le millet est une céréale écologique car il peut être cultivé dans les zones arides et sèches et ne demande que très peu d'eau. Il est naturellement sans gluten et encore largement méconnu en Europe. Gustativement, il est assez proche de la semoule de blé.

Les précieuses légumineuses

Bien souvent, les légumineuses ont mauvaise presse ; on leur reproche de peser sur la digestion, d'être trop caloriques. Pourtant, elles sont extrêmement saines car elles ne contiennent pas de graisses saturées. Elles ont un apport en fibres intéressant et fournissent des protéines à l'organisme, qui les digère lentement. Je vous conseille donc d'en intégrer régulièrement dans vos assiettes. Pour commencer en douceur, les pois chiches, les lentilles corail, les lentilles vertes du Puy et les haricots sont les meilleurs candidats.

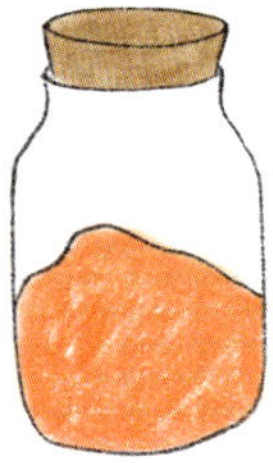

L'ASTUCE DE NOISETTE

En faisant prétremper vos légumineuses dans un saladier la veille, vous gagnerez du temps de cuisson.

Les aliments	Les propriétés
Les végétaux Tous les fruits et légumes, crus et cuits : salade, haricot vert, poireau, courgette, aubergine, poivron, fenouil, ail, oignon, tomate, pomme, agrumes…	Ce sont des aliments vivants qui fournissent un excellent apport en vitamines, minéraux et antioxydants. Ils aident à compenser un mauvais aliment. Ils sont indispensables et doivent être présents à chaque repas.
Les protéines végétales Incomplètes : légumineuses (pois chiche, lentille, pois cassé, fève, haricot), noix et graines Complètes : soja, tofu, seitan, tempeh, quinoa, petit épeautre, algues, graines germées, miso, spiruline	Les premières ne contiennent que des bonnes graisses insaturées. Mais il faut penser à les associer à une céréale afin d'avoir une protéine complète. Les secondes contiennent les huit acides aminés essentiels à notre organisme, dans les bonnes proportions, et sont un excellent apport protéiné à elles seules.
Les sucres lents Céréales : riz, blé, épeautre, maïs, seigle, avoine, orge, millet Farineux : pomme de terre, patate douce, châtaigne, marron, potiron, petit pois	Ils donnent de l'énergie pendant au moins trois heures, régulent le transit et suppriment les compulsions sucrées. Ils ont également un grand pouvoir rassasiant et sont bons pour le système nerveux. À consommer si vous avez une bonne activité physique, à réduire si votre activité est sédentaire.
Les graisses végétales En majorité insaturées et fluides : beurre et purée d'oléagineux (purée d'amandes, purée de noisettes), huile de noix, huile de lin, huile de tournesol	Elles contiennent des oméga 3, 6 et 9, fluidifient les mauvaises graisses et maintiennent l'équilibre des fonctions cérébrales.
Les sucres rapides Les fruits frais, fruits secs, sucres naturels, chocolat	Ils sont réconfortants et apportent de l'énergie rapidement. Attention à ne pas en abuser, ni à faire de mauvaises associations (voir page suivante).
Les super-aliments Algues, graines germées, miso, spiruline, jus d'aloe vera, thé vert, curcuma, cacao cru, germe de blé, kéfir, kombucha, baie de goji, baies	À haute teneur nutritionnelle, ils sont vraiment très utiles et boostent l'alimentation.
Les aliments industriels Plats industriels, desserts industriels, bonbons, viennoiseries, chips, sodas…	Ils sont ultra-transformés, remplis d'additifs mauvais pour la santé et pauvres en nutriments.

Afin d'adopter une alimentation juste et équilibrée, il me semble essentiel de comprendre que toutes les catégories d'aliments ont leurs propriétés. Ainsi, aucune culpabilisation n'a sa place dans une alimentation consciente, où chaque aliment a un rôle spécifique. Quel que soit votre régime alimentaire, sachez que tous les aliments ne sont pas compatibles au cours d'un même repas – cette règle est d'autant plus importante si vous souffrez de troubles digestifs. Heureusement, la liste des incompatibilités alimentaires n'est pas très longue, et elle est simple à retenir et à mettre en place.

Pourquoi tous les aliments ne sont pas compatibles entre eux ?

Les fruits ne se digèrent pas de la même manière que les céréales et les féculents. Pour ces derniers, la digestion prend 3 à 5 heures dans l'estomac. Les fruits, quant à eux, n'ont besoin que de 20 à 30 minutes pour être digérés. De plus, ils ne font que transiter par l'estomac et sont essentiellement digérés dans l'intestin grêle. Consommer un fruit en fin de repas bloque donc sa bonne digestion : le fruit va fermenter et son sucre se transformer en alcool, ce qui peut entraîner des ballonnements, des flatulences, une hyperacidité de l'estomac et même à terme, dans le plus grave des cas, une cirrhose.

Aliments	Compatibles avec...	Comment les manger ?
Fruits crus	Laitages, légumes crus et cuits	Hors des repas (3 heures minimum après le dernier repas et 45 minutes avant le suivant), en snack, en petit déjeuner léger
Melon et pastèque	Rien ! Même le melon et la pastèque ne sont pas compatibles entre eux.	Hors des repas (3 heures minimum après le dernier repas et 45 minutes avant le suivant), en snack, en aliment unique
Le sucré	D'autres aliments sucrés	En collation vers 16 heures plutôt qu'en fin de repas

Les indispensables

Lorsqu'on décide d'adopter une alimentation végétale, on peut, au début, se sentir démuni face à ces nouvelles habitudes, avoir peur de tourner en rond et de manger toujours la même chose. Afin de vous rassurer et de vous accompagner au mieux dans cette transition, je vais partager avec vous quelques clefs. Par exemple, dans ma cuisine *slow*, j'ai pris l'habitude de remplacer certains aliments par des substituts plus éthiques que j'achète ou – lorsque c'est possible et économique – que je réalise moi-même, comme les boissons végétales ou les desserts au soja. Dans tous les cas, je privilégie toujours des ingrédients locaux bio ou issus de la culture raisonnée.

EN PRATIQUE

Une journée dans mon assiette

Un peu d'inspiration pour vous donner une idée des repas que l'on peut savourer dans une cuisine végétale équilibrée.

Au petit déjeuner : un bol de granola maison, un carré de chocolat noir (riche en magnésium) coupé en pépites avec de la boisson d'avoine maison (voir page 22) et quelques oléagineux (noisettes, amandes).

Au déjeuner : un buddha bowl composé de quinoa, de légumes crus (ou lacto-fermentés), de falafels, de caviar de tomates, de graines germées et d'une sauce maison au tahini (sésame).

Au goûter : une part de brownie vegan (voir page 27) ou un cookie à l'okara d'avoine (voir page 23) avec une boisson chaude.

Au dîner : brocolis vapeur à l'ail, tofu mariné et graines de sésame suivis d'un dessert au soja maison et d'une tisane.

Le *slow switch*

Je remplace...

Les produits laitiers...	... par des boissons végétales (soja, amande, avoine, noisette, riz) – voir recette de boisson d'avoine page suivante – ; des crèmes végétales (soja, avoine, riz, amande) ; des desserts maison végétaux à la boisson de soja, des desserts végétaux à l'amande, au riz, à l'avoine.
La volaille...	... par des protéines de soja texturées (on les trouve en vrac et déshydratées en magasin bio).
La viande...	... par du tofu (nature, fumé au bois de hêtre, aux herbes) ou du seitan en fonction des préparations.
Les sodas...	... par du kéfir (voir page 33) ou du kombucha.
Le sucre blanc, l'aspartame, les sirops dont les noms se terminent par « -ose »...	... par du sucre complet Rapadura® ou Muscovado®, du sirop d'érable ou d'agave.
Le pain et les farines blanches...	... par du pain nordique aux graines (voir page 34), du pain aux céréales, du pain au blé khorasan ; de la farine de blé complet, d'épeautre, de sarrasin, de châtaigne, de riz... Il est important de varier régulièrement les céréales.

RECETTE

Boisson végétale à l'avoine

ingrédients

- 150 g de flocons d'avoine
- 1 l d'eau froide

matériel

- Mixeur ou blender
- Sac à lait végétal ou gaze
- 1 contenant hermétique de 1 l

étapes

1. Versez dans le bol d'un mixeur vos flocons d'avoine et l'eau.
2. Mixez pendant 1 minute puis filtrez avec le sac à lait végétal ou une gaze au-dessus d'un contenant. Pressez pour extraire le plus de jus possible.
3. Vous pouvez conserver votre boisson végétale au frais au maximum 1 semaine. Secouez avant utilisation.

à savoir

Lorsque vous aurez pressé tout le jus d'avoine, vous remarquerez qu'il reste dans le sac une pâte composée de résidus d'avoine, aussi appelée « okara » d'avoine. Elle doit être la plus sèche possible, et peut être utilisée dans d'autres préparations culinaires (voir recette ci-contre). L'okara peut également se congeler si vous ne comptez pas l'utiliser le jour même.

Pour ma part, j'utilise un sac à lait végétal, que je trouve plus pratique et plus économique à long terme (à raison de 4 euros l'étamine) qu'une gaze stérile jetable. Par ailleurs, évitez les systèmes de filtration spécial lait végétal à base de ventouses en plastique vendus dans le commerce : en plus de ne pas être très performants au niveau de la filtration, ils ne sont pas des plus écologiques.

Si votre boisson est trop épaisse ou trop gluante, c'est soit que l'eau n'était pas assez froide (plus l'eau est chaude et plus la boisson épaissit), soit qu'il n'y avait pas assez d'eau pour votre variété d'avoine (vous pouvez en ajouter après coup pour diluer davantage la boisson obtenue).

variantes

- Vous pouvez préparer une boisson végétale aromatisée. Pour cela, ajoutez 1 c. à café de cannelle en poudre (ou des épices de votre choix : gingembre, fève tonka, noix de muscade, cardamome...) dans la boisson. Vous pouvez aussi prévoir une version cacaotée en y ajoutant 1 c. à soupe de cacao en poudre.

- Pour sucrer la boisson, ajoutez 1 à 2 c. à soupe de sirop d'érable ou d'agave.

RECETTE

Cookies à l'okara d'avoine

ingrédients

- 120 g de farine
- 100 g d'okara d'avoine
- 60 g de sucre complet
- ½ sachet de levure
- 1 c. à soupe d'huile de tournesol
- 40 g de chocolat noir

matériel

- Cul-de-poule

étapes

1. Préchauffez le four à 180 °C (th. 6). Dans un cul-de-poule, mélangez la farine, l'okara, le sucre et la levure.
2. Ajoutez l'huile et mélangez avec les mains pour obtenir une pâte collante (voir remarque ci-dessous).
3. Ajoutez ensuite le chocolat cassé en pépites.
4. Formez des boules de pâte en les espaçant sur votre lèchefrite (les cookies gonflent).
5. Enfournez pour 15 minutes (si votre four a tendance à chauffer fort, surveillez à partir de 12 minutes).

remarque

Votre okara peut être plus ou moins sèche en fonction de la variété d'avoine utilisée et de la manière dont il a été essoré. Si elle est très sèche, augmentez à 3 c. à soupe la dose d'huile utilisée, de sorte que votre pâte à cookie soit collante et ne s'émiette pas.

Donner du goût

Pour donner du goût, rien de tel que de nous inspirer des cuisines du monde, si riches en saveurs. Tant qu'à apprendre à cuisiner différemment, pourquoi ne pas en profiter pour découvrir des plats traditionnels d'autres cultures : bao chinois, falafels libanais, dhal de lentilles indien, soupe udon japonaise, soupe minestrone italienne ?
Vous allez certainement ajouter de nouveaux condiments et épices à vos plats, toutefois ces derniers ne sont pas sans impact. Il convient donc de veiller à leur traçabilité et au caractère éthique de leur fabrication. Les conditions diffèrent selon les épices et l'organisation de la production (certaines sont cultivées alors que d'autres sont issues de cueillettes sauvages). À titre informatif, deux sociétés multinationales détiennent la majorité du marché des épices. Dès lors, bien qu'il s'agisse d'ingrédients bruts et peu transformés, beaucoup de petits producteurs, dans le monde entier, vivent exclusivement de la récolte de ces épices et sont dépendants de ces géants de l'agroalimentaire. Il nous appartient donc, en tant que consommateurs conscients, d'apprécier leur richesse et leur rareté et de nous diriger vers des épices labellisées équitables et bio, comme pour les autres produits exotiques (cacao, café...).

L'ASTUCE DE NOISETTE

Chez moi, un rituel *slow* est né d'une bonne résolution de début d'année. Chaque semaine, je prends le temps de réaliser une recette du monde. Ainsi, je voyage gustativement et je varie mes connaissances culinaires comme mes assiettes.

Par ailleurs, j'utilise régulièrement certains ingrédients qui me sont devenus indispensables dans mon alimentation végétale, notamment la levure maltée (ou levure de bière), qui apporte un goût de fromage aux sauces. Vous pouvez délayer 1 à 2 c. à soupe de levure maltée dans la crème de soja pour réaliser facilement une « crème fromagère ». J'utilise aussi régulièrement des herbes fraîches comme la coriandre, la menthe ou le thym dans mes marinades. Le tofu pourrait être comparé à du poulet cru, il est donc nécessaire de le faire mariner. Notez tout de même que le tofu, comme tous les produits à base de soja, doit être mariné/infusé au moins 48 heures pour s'imprégner d'un goût. Enfin, je consomme quotidiennement des beurres et des purées d'oléagineux (purée d'amandes, purée de noisettes...), soit en tartinade à la place du beurre laitier, soit pour réaliser une sauce, car ils représentent une excellente matière grasse pour remplacer la crème fraîche.

Le *slow switch*

Je remplace...

Le sel rose de l'Himalaya...	... par du sel gris de Guérande ou du gomasio (broyez 150 g de sésame avec 1 c. à soupe de sel de Guérande) de Loire-Atlantique.
La sauce épicée (chili, sriracha)...	... par du piment d'Espelette et des condiments au piment d'Espelette cultivé au Pays basque.
La sauce barbecue et le ketchup industriel...	... par de la moutarde de Dijon, de la pâte de curcuma maison, du confit d'oignons de Roscoff.
Le poivre du Sichuan, de la Jamaïque...	... par du poivre de cassis de Bourgogne ou du poivre de Cayenne espagnol.
Le safran d'Iran...	... par du safran français (du Quercy, dans le Lot, ou de Bretagne) ou espagnol.
Le paprika américain...	... par du piment doux fumé du Béarn.
Les algues...	... par les algues dulse, kombu, wakamé... cultivées et ramassées à Saint-Malo.
Le curcuma et le gingembre du Sri Lanka...	... par du curcuma et du gingembre frais du Lot.

La pâtisserie végétale

La question la plus fréquente que l'on se pose lorsqu'on se lance en pâtisserie végétale est : « Comment remplacer les œufs ? » Seulement, il ne suffit pas de savoir par quoi les remplacer, il faut également comprendre leur intérêt dans la recette traditionnelle. À quoi servent-ils ? À apporter un peu de matière grasse ? À aider une pâte à lever ? À apporter de la texture ? Lorsque vous aurez réussi à répondre à cette question, il vous sera plus simple de remplacer les œufs de manière optimale. Je ne vais pas vous dire qu'un œuf est égal à 1 cuillerée de compote de pommes ou de graines de chia car, si vous souhaitez réaliser une mousse au chocolat par exemple, cela ne vous servirait à rien. Je vais plutôt vous indiquer ce qui vous sera utile en fonction du type de recette. Ne vous inquiétez pas, avec le temps, vous saurez plus intuitivement comment remplacer les œufs.

- Le jus de pois chiches, appelé aquafaba, monte en neige comme des blancs d'œufs (retrouvez un exemple en page 75 avec ma recette de mousse au chocolat).
- Les œufs peuvent servir à rendre moelleuse la recette, en tant que matière grasse. Vous pouvez alors les remplacer facilement par de l'huile végétale neutre en goût (par exemple l'huile de tournesol) ou par de la purée d'oléagineux (votre mélange sera plus dense).
- L'œuf peut être un agent liant. Vous pouvez alors le remplacer en fonction de vos goûts par différents substituts (voir ci-dessous).

Le *slow switch*

Je remplace...

Les blancs d'œufs en neige (mousse, gâteaux moelleux)

1 blanc d'œuf = 3 c. à soupe d'aquafaba

Les œufs dans les muffins, pancakes et biscuits

1 œuf = 1 c. à soupe d'huile végétale neutre / 1 c. à soupe de purée d'oléagineux

Les œufs dans les gâteaux, génoises et crêpes

1 œuf = ½ banane écrasée / 1 c. à soupe de compote de pommes / 1 c. à soupe de graines de chia dans 3 c. à soupe d'eau / 1 c. à soupe d'huile végétale neutre / 2 c. à soupe de boisson végétale

RECETTE

Le brownie vegan

ingrédients

- 8 cl d'huile végétale neutre + un filet d'huile pour le moule
- 200 g de chocolat noir pâtissier
- 170 g de farine semi-complète T110
- 3 c. à café de cacao pur en poudre
- 120 g de sucre complet
- 1 pincée de sel
- 23 cl de boisson végétale
- 150 g de noisettes et d'amandes concassées

matériel

- Casserole et bol pour le bain-marie
- Moule carré de 20 × 20 cm

étapes

1. Avec un peu d'huile, badigeonnez le moule à gâteau et préchauffez le four à 180 °C (th. 6).
2. Faites fondre le chocolat au bain-marie. Parallèlement, mélangez dans un saladier la farine, le cacao, le sucre et la pincée de sel.
3. Incorporez en remuant l'huile, la boisson végétale et le chocolat fondu. Mélangez jusqu'à obtenir une pâte homogène.
4. Ajoutez les noisettes et les amandes concassées à la préparation.
5. Versez dans le moule.
6. Faites cuire pendant 20 minutes. Le brownie est cuit quand la pointe d'un couteau en sort sèche. Laissez refroidir et démoulez à froid.

Booster son alimentation

Quel que soit son mode de consommation (alimentation bio, industrielle, mixte) ou son régime alimentaire (omnivore, végétarien, végétalien...), il me semble précieux d'écouter son corps et d'apprendre ainsi à le soulager naturellement et autant que possible des différents maux du quotidien. Dans mon entourage (plus ou moins proche), j'ai noté que beaucoup souffraient de problèmes digestifs et de migraines. Les raisons précédemment évoquées (industrialisation, faiblesse nutritionnelle des aliments, pollution...) comme la génétique peuvent insidieusement peser lourd au quotidien. Heureusement, certains aliments ont le pouvoir d'améliorer drastiquement notre bien-être.

La germination

La germination est l'un des phénomènes les plus impressionnants offerts par la nature : au contact de l'eau et de la chaleur, la graine de départ sort de son sommeil et se révèle. C'est en effet durant cette étape de germination que la graine va constituer toutes les réserves dont la plante aura besoin pour sa croissance. Les graines germées du commerce sont vendues à prix d'or et emballées dans du plastique alors même qu'un germoir simple et efficace coûte rarement plus d'une vingtaine d'euros. Personnellement, j'adore faire pousser mes graines germées, attendre quelques jours et voir la magie opérer !

L'ASTUCE DE NOISETTE

Évitez les germoirs à étages car les plateaux inférieurs reçoivent les eaux de rinçage des plateaux supérieurs, ce qui altère la qualité nutritive des graines. Je vous conseille de choisir un germoir en verre : soit en coupelle (car il vous permettra de faire pousser toutes les graines, même les mucilagineuses), soit un germoir incliné, qui évitera l'accumulation d'eau et facilitera la germination.

Propriétés des graines germées	Goût
Cumin Renforce le système immunitaire, favorise la lactation des mères allaitantes et la digestion, calme les douleurs spasmodiques gastro-intestinales.	Graines piquantes, un peu amères et très parfumées.
Fenugrec Améliore la circulation du sang, stimule le pancréas. C'est un dépuratif du foie et il est anti-anémique.	Graines particulièrement aromatiques, épicées avec une petite saveur rappelant le goût du curry.
Quinoa Très digeste, il apporte force et énergie. Conseillé aux mamans allaitantes, aux enfants et aux bébés, il est l'un des végétaux les plus nutritifs au monde car il est riche en protéines et en fibres.	Graines légères et croquantes, au goût très doux. Le quinoa noir sauvage est plus croquant.
Alfalfa (aussi appelée « luzerne ») Considérée comme la plus complète sur le plan nutritionnel, elle contient dix fois plus de calcium que le lait de vache.	Avec sa saveur délicate, croquante et rafraîchissante, l'alfalfa plaît généralement à tout le monde.
Moutarde Réputée digestive, diurétique, laxative, stimulante, elle contient des huiles essentielles aromatiques et antiseptiques, et constitue un antibiotique naturel. Elle régénère la flore intestinale.	Graines au goût fort et très piquant typique de la moutarde.
Radis Tous les radis ont des vertus décongestionnantes (notamment sur la sphère ORL) et antioxydantes. Cette graine contribue au bon fonctionnement de la vésicule biliaire et soulage le foie à la suite d'excès ou de déséquilibres alimentaires.	Saveur relevée du radis. Goût légèrement piquant s'il s'agit du radis rose de Chine, très doux si on opte pour le radis trèfle.
Oignon Antioxydantes et antibactériennes comme l'oignon adulte, ces graines ont une action bénéfique sur les systèmes immunitaire et cardiovasculaire.	Saveur rafraîchissante pareille à celle de l'oignon adulte.

1. La graine de moutarde est mucilagineuse et demande un germoir spécifique en coupelle.

DIY

Comment faire ses graines germées ?

ingrédients

- 1 c. à soupe de graines germées

matériel

- Germoir en verre incliné

à savoir

Vous pouvez manger les graines germées seules (comme une salade) ou encore en parsemer vos plats. J'adore le croquant qu'elles apportent dans un burger ou sur une tartine salée.

étapes

1. Versez les graines dans le bocal du germoir.
2. Remplissez-le d'eau, fermez-le avec le couvercle et laissez tremper les graines une nuit entière.
3. Le lendemain matin, videz l'eau du bocal grâce au couvercle percé. Placez votre germoir sur son support, en position oblique, couvercle vers le bas.
4. Rincez vos graines à l'eau claire matin et soir pendant la germination. Pour ce faire, remplissez le bocal d'eau sous le robinet d'eau froide, remuez bien le bocal pour démêler les graines et videz ensuite l'eau dans votre évier. Après le rinçage, replacez votre bocal sur son support, en position oblique.
5. La germination de vos graines prendra entre 4 et 7 jours. Pensez à bien les rincer avant de les consommer.

La boisson de kéfir : ma limonade acidulée

Le kéfir de fruits est une boisson magique que l'on peut préparer soi-même, à la maison, en quelques jours : elle pétille et nous évoque le goût d'une limonade rafraîchissante et délicieusement acidulée. Mais il s'agit surtout d'une boisson réputée pour ses propriétés probiotiques, qui rééquilibrent la flore intestinale. Elle est obtenue avec les grains de kéfir, translucides, qui ne seront pas consommés mais serviront uniquement à réaliser la boisson. Ces derniers sont composés de bonnes levures et de bonnes bactéries dont notre corps a besoin. Ainsi, le kéfir a trois vertus principales : il agit contre les troubles digestifs puisqu'il active le système digestif, il rétablit la flore intestinale et il fournit de bonnes bactéries qui aident l'organisme à assimiler les nutriments des aliments ingérés. Vous trouverez des grains de kéfir de fruits facilement et gratuitement en magasin bio ; en effet, le kéfir de fruits s'échange entre particuliers. Il est de coutume d'en rapporter un pot de temps en temps dans un esprit de partage quand les grains ont proliféré chez vous. Toutefois, vous pouvez aussi acheter des grains en ligne.

À savoir

- Conservez vos grains de kéfir au frigo dans un bocal avec de l'eau filtrée que vous changerez tous les 7 jours au maximum. Une fois par mois, ajoutez 1 c. à soupe de sucre à cette eau pour nourrir les grains.
- Vous pouvez aussi conserver les grains de kéfir congelés (égouttés dans une boîte) jusqu'à 1 an. Avant de les utiliser, il faudra au préalable les laisser décongeler. Il est possible que la congélation fasse perdre de la vivacité à vos grains, il faudra alors leur donner un peu de sucre.
- Les grains de kéfir sont en bonne santé s'ils sont translucides après rinçage et qu'ils se reproduisent facilement et régulièrement. Votre boisson doit être agréable à boire (ni gluante ni odorante).

Quelques variantes

- Remplacez l'eau de la recette ci-contre par une tisane ou un thé ; remplacez les dattes par des figues ou des abricots secs.
- Ajoutez 100 ml de coulis de framboises à la recette pour une version « fruit rouge ».
- Ajoutez 35 g de cassis, de mûres ou de groseilles à la variante précédente pour une version « fruit des bois ».
- Ajoutez des herbes (menthe, thym ou romarin) lors de la fermentation.

RECETTE

Mon kéfir maison

ingrédients

- 3 c. à soupe de grains de kéfir de fruits (frais et vivants)
- 1 l d'eau non chlorée
- 4 c. à soupe de sucre complet
- 2 dattes sèches
- ½ citron coupé en rondelles

matériel

- 2 bocaux de 1 l, dont 1 hermétique
- 1 mouchoir en coton
- 1 élastique
- Passoire ou linge

étapes

1. Mettez les grains dans un bocal et versez l'eau, puis ajoutez le sucre, les deux dattes sèches et le ½ citron. Recouvrez le bocal de votre mouchoir et attachez-le avec l'élastique.

2. Laissez fermenter 1 à 2 jours, à température ambiante, jusqu'à ce qu'au moins une des deux dattes remonte à la surface.

3. Lorsqu'une datte est remontée, vous pouvez filtrer le mélange pour récupérer votre boisson (retirez d'abord les rondelles de citron et les dattes). Vos grains de kéfir sont en pleine forme, il vous suffit donc de les rincer et de les remettre dans le bocal avec les autres grains.

4. Votre boisson est presque prête : il faut la laisser 24 heures au frigo afin de la rendre bien pétillante.

RECETTE

Le pain nordique

ingrédients

- 90 g de graines de lin
- 140 g d'un mélange de graines composé de 80 g de graines de tournesol, 60 g de graines de courge, 10 g de sarrasin (facultatif), 2 c. à soupe de graines de chia
- 4 c. à soupe de psyllium blond en poudre
- 150 g de flocons d'avoine
- 2 c. à café de sel
- 4 c. à soupe d'huile de tournesol
- 32 cl d'eau à température ambiante (équivalent d'un bol)

matériel

- Cul-de-poule
- Moule à cake

étapes

1. Mélangez tous les ingrédients secs dans le cul-de-poule, à savoir : graines de lin, mélange de graines, psyllium blond, flocons d'avoine, sel.
2. Ajoutez l'huile de tournesol.
3. Ajoutez l'eau progressivement en mélangeant bien – vous devez obtenir une pâte collante. Les graines et les flocons vont gonfler petit à petit.
4. Chemisez un moule à cake avec du papier sulfurisé, incorporez votre mélange couche par couche, en tassant bien chaque couche. Il est essentiel que votre pain soit très compact, comme une « brique de graines ».
5. Laissez reposer pendant 2 h 30 – étape incontournable pour que vos graines se développent avec l'ajout de l'eau.
6. Faites préchauffer votre four à 180 °C (th. 6) puis enfournez pour 20 minutes.
7. Démoulez votre pain puis enfournez-le à nouveau sur une grille à mi-hauteur pour 40 minutes.
8. Laissez refroidir complètement avant de servir. Votre pain se conservera facilement 1 semaine dans une boîte hermétique. Vous pouvez aussi griller quelques tranches en les parsemant d'épices pour en faire des crackers apéritifs.

Le pain nordique : un allié santé

Faire son pain traditionnel maison demande souvent du temps (cultiver le levain, pétrir, laisser lever, dégazer...) et du matériel (machine à pain, moule en fonte...), cela peut donc vite décourager au quotidien. Or, pendant un bivouac en Norvège, j'ai découvert le pain nordique, qui est délicieux et facile à réaliser avec un simple moule à cake. Très complet et digeste, il ne contient pas de farine mais quelques graines faciles à trouver et une super-plante : le psyllium blond. Ce dernier a de nombreuses vertus : il soulage les intestins, sert d'anti-inflammatoire pour le transit, régule la satiété et apporte une dose de fibres intéressante. J'ai donc pris l'habitude de me tourner au quotidien vers ce pain qui me demande moins d'investissement tout en me garantissant un réel plaisir gustatif.

Manger local et raisonné

La bonne nouvelle est que la production alimentaire durable existe et qu'elle est souvent proche de chez nous, avec des pratiques moins intensives que celles de la production alimentaire industrielle mondialisée. En ce sens, les agriculteurs « durables » (pratiquant l'agriculture raisonnée, l'agriculture bio ou la permaculture) prennent plus de précautions et mettent en place des cultures plus naturelles (sans pesticides) et adaptées à leurs terroirs. Mais tout le monde n'a pas accès à un marché de producteurs et à des commerces bio. Si c'est votre cas, sachez que manger en respectant la saisonnalité des aliments est déjà un bon premier pas vers une alimentation plus respectueuse et *slow*. Ainsi, repérez les produits de saison de votre zone géographique – pour chaque aliment, il y a un pic de récolte durant l'année où son goût est plus riche. *A contrario*, les légumes et fruits hors saison arrivent en général par avion depuis des zones au climat plus chaud, alors qu'ils ne sont pas encore mûrs. Cela impacte leur goût, mais aussi leur prix de vente. Ne parlons même pas des émissions de carbone que leur transport engendre. Dès lors, comment continuer à déguster des tomates en hiver ?

La « fausse bonne idée »

L'alimentation bio à tout prix n'est pas forcément un choix plus durable. En grande surface, il n'est pas rare de tomber sur des fruits et légumes bio venant de l'autre bout du monde, vendus à des prix exorbitants et enveloppés dans du plastique. Le transport aérien, des législations du bio plus laxistes et des emballages polluants me font dire que l'alimentation bio n'est pas toujours un impératif. Ainsi, acheter des aliments locaux et raisonnés auprès de producteurs éco-conscients (par exemple en transition vers le bio, car cela prend plusieurs années, ou encore non labellisés) est largement plus éthique.

Faire ses bocaux et conserves soi-même

Il n'y a rien qui me comble plus que de savourer en plein hiver une préparation que j'avais pris le temps de faire l'été passé. C'est un sentiment délicieux qui donne une saveur supplémentaire aux préparations : celle du temps pris et donné à soi-même. C'est une des habitudes *slow* que j'affectionne le plus ! Il existe plusieurs méthodes de conservation des aliments, dont celle de les mettre en bocaux. Personnellement, c'est le moyen que je privilégie pour pouvoir manger en toute saison des légumes et des fruits que j'ai conservés. Sans être expert en la matière, il est tout à fait possible de se lancer, notamment avec quelques conservations simples (pickles et lacto-fermentation) puis, quand vous vous sentirez prêt, avec la réalisation de bocaux stériles.

Les pickles de légumes

Faire des pickles est une belle solution au gaspillage lorsqu'il vous reste beaucoup de légumes frais sur le point de flétrir (par exemple après avoir récupéré les légumes « moches » de fin de marché). Il suffit de les faire mariner pour obtenir un encas qui durera de plusieurs jours à plusieurs semaines. La recette de la page 38 s'inspire des légumes marinés sucrés servis en accompagnement durant mon enfance en Angleterre. C'est ma madeleine de Proust ; je ne saurais évidemment que vous les conseiller ! Vous pouvez tout à fait varier la recette avec d'autres légumes frais en partant sur les mêmes proportions. En fonction des légumes, coupez-les en rondelles ou en bâtonnets. Voici quelques bocaux de pickles que je vous recommande d'essayer :

- les pickles de chou-fleur, curcuma et coriandre ;
- les pickles de radis roses, poivre et laurier ;
- les pickles de carottes, thym et piment d'Espelette.

Les légumes lacto-fermentés

Le terme « lacto-fermentation » fait référence aux ferments lactiques (qui n'ont rien à voir avec le lait de vache) qui sont activés par un conservateur naturel, le sel. En effet, ce dernier sélectionne les bactéries bénéfiques qui préservent les aliments et élimine les pathogènes responsables du pourrissement. Ce procédé sans cuisson conserve les vitamines d'origine des aliments et les enrichit d'enzymes, de minéraux et de probiotiques bénéfiques pour notre flore intestinale et notre immunité. Les légumes lacto-fermentés nous viennent d'Asie, où ils sont consommés quotidiennement sous forme de condiments (principalement du *kimchi*). Par ailleurs, sachez que la lacto-fermentation fonctionne de manière optimale avec les légumes racines et les brassicacées (choux, navets et radis). Enfin, choisissez des légumes vraiment frais (à bien laver) car, s'ils sont trop mûrs, ils vireront à l'alcool.

L'ASTUCE DE NOISETTE

Je vous conseille de placer une soucoupe ou un linge sous vos bocaux au moment de la fermentation car la préparation peut déborder du pot (d'où le petit vide laissé au remplissage).

RECETTE

Pickles d'oignon rouge

ingrédients

- 1 gros oignon rouge
- 25 cl de vinaigre de cidre
- 12,5 cl de vinaigre de vin rouge
- 50 g de sucre complet
- 1 pincée de sel
- 1 c. à soupe de mélange de grains de poivre et d'épices 5 baies
- 1 c. à soupe de graines de moutarde

matériel

- Mandoline
- 1 bocal hermétique de 50 cl + 1 joint en caoutchouc

étapes

1. Épluchez l'oignon, coupez-le en deux puis en lamelles très fines à l'aide d'une mandoline.
2. Versez dans une casserole les vinaigres, le sucre et le sel et portez à ébullition. Lorsque la préparation bout, mélangez bien pour vous assurer que le sucre est entièrement dissous et éteignez le feu. Ajoutez le mélange de poivre et d'épices 5 baies et les graines de moutarde ainsi que les lamelles d'oignon.
3. Laissez refroidir dans le vinaigre avant de verser le tout dans votre bocal hermétique. Couvrez et réservez au réfrigérateur. Ces pickles se consomment jusqu'à un mois après leur confection. Attention, plus le temps passe et plus la saveur des pickles se renforce.

RECETTE

Céleri-rave et carotte lacto-fermentés

ingrédients

- ¼ de céleri-rave
- 1 carotte
- 5 g de gros sel de Guérande
- 30 cl d'eau

matériel

- 1 bocal hermétique en verre de 30 cl + 1 joint en caoutchouc

étapes

1. Épluchez le céleri-rave et la carotte et râpez-les finement.
2. Déposez les légumes râpés dans votre bocal et tassez bien avec une cuillère afin d'avoir le moins d'air possible. Attention à ne pas remplir à ras bord, il faut s'arrêter à 1 cm du haut du pot, sinon le mélange risque de déborder à cause de la fermentation (il est recommandé de remplir le bocal à 80 %).
3. Versez 5 g de gros sel de Guérande (ou 10 g de sel aux herbes) dans 30 cl d'eau. Mélangez bien afin que le sel se dissolve. La règle d'or est de compter 15 g de sel par litre d'eau (personnellement, je mets 30 g par litre d'eau pour compenser l'acidité).
4. Versez ce mélange jusqu'à recouvrir les légumes. Tassez de nouveau les légumes avec une cuillère.
5. Fermez hermétiquement le bocal avec le joint en caoutchouc. Laissez le bocal en fermentation 8 à 10 jours à température ambiante. Une fois que la fermentation est stabilisée et qu'il y a un léger dépôt blanc au fond du pot, vous pouvez le mettre dans un endroit frais et à température stable, entre 12 et 15 °C (le mieux étant une cave ou un cellier). Vous pourrez déguster ces légumes deux semaines plus tard. Les légumes fermentés se conservent aisément de 6 mois à 1 an, toutefois plus vous attendrez et plus l'acidité se développera.

Mon expérience de cueilleuse citadine

Dans cet esprit d'alimentation saisonnière, j'ai découvert la cueillette. J'ai longtemps cru qu'elle était réservée à la vie en campagne avant d'apprendre que, en tant que citadine, je pouvais aussi la pratiquer en m'éloignant à vélo de la ville. J'ai donc mis en place des petites sorties « cueillettes simples » au fil des saisons. En fonction des régions, les pics de récolte peuvent varier ; par exemple, la cueillette de l'ail des ours (une cueillette facile) s'étale de l'hiver (dans les Vosges) au printemps (dans les Alpes). Ainsi, si je ne devais vous donner qu'un conseil, ce serait d'être attentif : rien ne vaut votre expérience et vos observations. C'est pourquoi j'utilise un carnet de cueillette dans lequel je répertorie ce que j'ai observé, avec photos, croquis... Cette habitude vous permettra de vous familiariser de plus en plus avec la faune et la flore de votre terroir.
Aussi, je ne pourrais vous parler de cueillette sans mettre en avant le merveilleux ouvrage *L'Appel gourmand de la forêt* de Linda Louis (aux éditions La Plage). De mon côté, j'essaie d'avancer doucement dans la connaissance des plantes sauvages médicinales et comestibles grâce à une formation en herboristerie ; je vais donc en profiter pour partager avec vous mes recettes préférées à cuisiner au fil des saisons et de vos cueillettes.

La truffe, le luxe d'une cueillette gratuite

Je prends souvent l'exemple de la truffe pour encourager mes proches à oser la cueillette. Cet aliment de luxe, à raison de 45 euros les 50 g, n'est pas à la portée de toutes les bourses. Pourtant, la truffe est accessible gratuitement en forêt. Contrairement à une idée reçue, la recherche de truffes ne demande pas obligatoirement d'avoir un chien ou un cochon, surtout avec l'objectif d'une consommation ménagère, pas celui d'une grosse récolte. En vous rendant dans une zone truffière, vous pouvez chasser la truffe « à la mouche » à l'aide d'un bâton, en observant au pied d'arbres truffiers (chêne, noisetier, tilleul) où se posent les mouches orange (mouches truffières). Lorsque vous avez identifié une mouche truffière posée, il faudra creuser la terre en dessous entre 5 et 10 cm de profondeur, et il y a de grandes chances pour que vous trouviez une truffe.

EN PRATIQUE

Mes cueillettes de saison

Chaque saison, la nature nous offre des ressources gratuites et inestimables. Renseignez-vous autour de chez vous pour vous rendre en forêt, vous trouverez à coup sûr de quoi réaliser de bons petits plats saisonniers. Il existe aussi des formations de cueillette en nature : c'est l'occasion d'être accompagné par un professionnel et de découvrir des variétés oubliées, leurs utilisations et leurs vertus. Sinon, n'hésitez pas au début à prendre en photo les variétés observées pendant vos balades et à poser vos questions sur des groupes Facebook et des forums dédiés. Vous trouverez des tas d'amateurs et de professionnels passionnés qui se feront un plaisir de partager avec vous leurs connaissances.

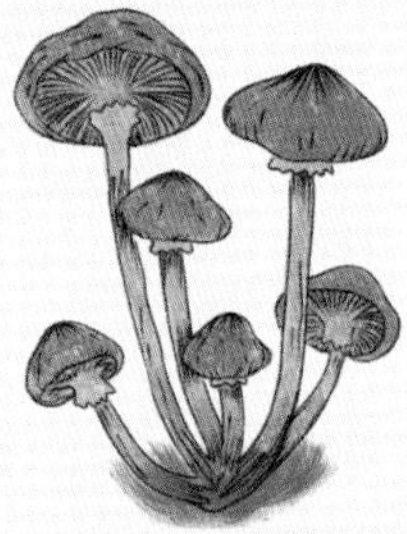

À savoir :
Si vous avez un doute concernant une plante ou un champignon, vous pouvez vous rendre en officine. Les pharmaciens sont formés et pourront vous indiquer si la variété est comestible.

En automne	En hiver	Au printemps	En été
Argousier (fruit)	Ail des ours (fleur et feuille)	Asperge des bois	Airelle rouge (fin de l'été dans les massifs du Jura et des Alpes)
Aubépine (fruit)	Asperge sauvage	Bourrache	Asperge des bois
Cèpe	Coulemelle	Cerfeuil	Cassis
Châtaigne	Épicéa	Épicéa	Coquelicot
Coulemelle	Ortie	Onagre	Coulemelle
Cynorhodon (fruit)	Poire sauvage	Ortie (moins d'amertume)	Fraise des bois
Girolle	Pomme sauvage	Pensée sauvage	Girolle
Noisette	Trompette-de-la-mort	Pulmonaire (pour réaliser des hydrolats)	Lavande
Noix	Truffe	Sureau (fleur)	Mûre
Pomme sauvage		Valériane	Oseille des bois
		Violette	Ronce à mûre sauvage
			Sureau (baie)

Comme indiqué précédemment, les saisons de récolte peuvent varier en fonction des régions. Sont répertoriés ci-dessus les pics de récolte les plus communs et les espèces que je récolte le plus fréquemment.

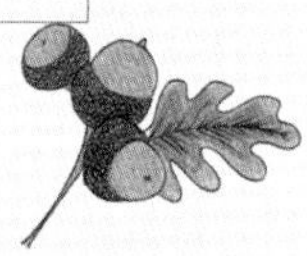

RECETTE

En automne : le sirop de noisette

Dois-je préciser qu'il s'agit d'une de mes recettes préférées ? Ce sirop est délicieux, vous pouvez le consommer froid pour aromatiser une boisson végétale par exemple mais aussi chaud dans un café ou un thé, ou encore en pâtisserie pour aromatiser un biscuit ou un gâteau !

ingrédients

- 130 g de noisettes décortiquées
- 20 cl d'eau
- 200 g de sucre complet

matériel

- Casserole
- 1 bouteille hermétique de 20 cl
- Passoire ou linge

étapes

1. Disposez les noisettes décortiquées sur une lèchefrite et torréfiez-les au four à 180 °C (th. 6) pendant 10 minutes.
2. Laissez-les refroidir puis coupez-les grossièrement.
3. Dans une casserole, mélangez l'eau et le sucre à feu doux jusqu'à dissolution de ce dernier, puis ajoutez les noisettes jusqu'à obtenir un mélange très légèrement ambré (au-delà, vous allez faire du praliné !).
4. Filtrez le mélange afin de ne garder que le sirop, que vous placerez dans une bouteille.

à savoir

J'utilise la même recette dans les mêmes quantités pour réaliser d'autres sirops d'oléagineux (de noix ou d'amandes notamment).

Vous pouvez incorporer les noisettes qu'il vous reste après la filtration à un gâteau comme le brownie vegan (voir page 27) ou encore à un dessert végétal !

RECETTE

En hiver : le sirop de sapin pour la gorge

ingrédients

- 50 g d'aiguilles fraîches de sapin naturel et non traité (épicéa commun, mélèze d'Europe ou pin Douglas), que vous prendrez soin de cueillir sur l'arbre plutôt que de les ramasser au sol (pour éviter toute contamination par des déjections animales)
- 25 cl de sirop d'érable

matériel

- 1 bocal hermétique de 30 cl + 1 joint en caoutchouc

étapes

1. Après avoir rincé à l'eau claire votre cueillette d'aiguilles, placez-les dans le bocal hermétique.
2. Couvrez de sirop d'érable et laissez le mélange infuser sans cuisson (les aiguilles de sapin perdent leurs arômes à la cuisson).
3. Au bout de 3 semaines, vous obtiendrez un sirop de sapin. Vous pouvez faire fondre 1 c. à soupe de ce sirop dans votre tisane ou encore le consommer tel quel. Pour plus de praticité, vous pouvez filtrer le sirop afin d'en retirer les aiguilles, mais plus vous les laisserez infuser, plus le sirop sera concentré. Vous pouvez le conserver entre 6 mois et 1 an dans un endroit frais, les aiguilles ne moisissent pas tant qu'elles sont couvertes de sirop.

à savoir

La cueillette des bourgeons de sapin est interdite en France sans autorisation préalable, car elle a un impact sur la vie de la faune et le développement de l'arbre.

RECETTE

Au printemps : le sirop de fleurs de sureau

ingrédients

- 30 g de fleurs de sureau (cela correspond à un saladier de fleurs) ; lors de votre cueillette, choisissez les fleurs les plus ouvertes
- 60 cl d'eau filtrée
- Le jus de 1 citron
- 400 g de sucre complet

matériel

- 2 casseroles
- Passoire fine
- 1 bouteille hermétique (type limonade) de 75 cl ou 1 l

étapes

1. Détachez les fleurs de leur branche, en utilisant vos mains comme des petits râteaux. Les fleurs cueillies à maturité se détachent sans difficulté. Moins vous aurez de branchages, moins votre sirop sera amer et plus il sera réussi.
2. Versez l'eau dans une casserole et, dès qu'elle bout, ajoutez-y les fleurs de sureau. Ajoutez le jus de citron en remuant pendant 4-5 minutes pour libérer le pollen dans l'eau. Laissez macérer ainsi pendant 1 nuit hors du feu.
3. Filtrez votre mélange avec une passoire fine dans une autre casserole afin de retirer les fleurs du jus. Ce macérât va être notre base de sirop.
4. Faites chauffer le macérât avec le sucre à feu doux pendant 15 minutes. Vous devez obtenir un sirop très légèrement coloré.
5. Transvasez-le dans une bouteille hermétique et laissez-le refroidir avant de l'utiliser. Ce sirop se conserve facilement à température ambiante pendant les deux mois d'été grâce au sucre (conservateur naturel).

à savoir

C'est une boisson fleurie et acidulée avec une note presque légèrement vanillée que j'adore ; je consomme ce sirop bien frais tout l'été. Je m'en sers aussi pour aromatiser mon kéfir de fruits, ou sur une tarte aux groseilles, aux cassis ou aux mûres !

RECETTE

En été : la gelée vegan de fleurs d'été

ingrédients

- 50 g de fleurs comestibles
- ½ l d'eau filtrée
- Le jus de 1 citron
- 500 g de sucre complet
- 4 g d'agar-agar (un gélifiant végétal qui remplace à merveille la gélatine animale)

matériel

- 2 casseroles
- Passoire fine
- Bol
- 2 pots à confiture

étapes

1. Lavez les fleurs, retirez les tiges et conservez uniquement les pétales.
2. Faites bouillir l'eau filtrée dans une casserole, ajoutez-y le jus de citron et faites-y infuser les fleurs pendant 10 minutes. Puis, hors du feu, laissez macérer toute une nuit.
3. Filtrez le mélange avec une passoire fine dans une autre casserole. Ajoutez le sucre et faites revenir à feu doux jusqu'à obtenir un sirop très légèrement coloré.
4. Dans un bol, délayez l'agar-agar dans un peu d'eau froide (environ 3 cl) et ajoutez-le au mélange précédent en portant à ébullition 3 minutes.
5. Transvasez votre gelée dans vos pots.

à savoir

Cette recette est géniale car elle peut se décliner avec toutes les fleurs comestibles : lavande, pensée sauvage, rose, coquelicot. Veillez toujours à utiliser des fleurs sauvages non traitées. Je consomme cette gelée pour aromatiser mon thé vert, sur des biscuits, du pain ou même des tartines pour un côté sucré-salé.

Si vous aimez que votre gelée soit plus liquide, vous pouvez mettre seulement 2 g d'agar-agar ; si au contraire vous la préférez ferme, maintenez ces proportions.

Une alimentation bienveillante

Les réseaux sociaux, la publicité et les médias, en cultivant l'image d'une femme parfaite de taille 36 et d'un homme au corps d'Apollon, exercent une pression inconsciente de perfection sur nos corps, de sorte que beaucoup vivent aujourd'hui un rapport conflictuel avec la nourriture et ont une mauvaise image d'eux-mêmes. Pour apprendre à se réconcilier avec son corps, il est important de se déculpabiliser car tout ne se joue pas en termes de calories ou de régime alimentaire. L'alimentation est certes un moyen d'être en bonne santé, en premier lieu en aidant le corps à fonctionner, mais c'est également un moyen de se faire plaisir et de partager de bons moments avec ses proches.

Rapport positif à l'alimentation

Nous sommes ce que nous pensons, de la même façon que nous sommes ce que nous mangeons. Pensées parasites, images et paroles dévalorisantes, émotions négatives, tout ce qui se passe dans notre tête et notre cœur finit tôt ou tard par influencer notre santé, les événements de notre quotidien et notamment nos repas et notre rapport à l'alimentation.

Apprendre à lâcher prise

Si vous avez subi des moqueries, si on a surveillé votre alimentation pendant votre enfance ou votre adolescence, vous pouvez en tout état de cause avoir intégré naturellement certaines croyances : « je suis gros·se », « mon corps est horrible », « je suis moche », etc. Ces pensées sont des restrictions cognitives, autrement dit des pensées qui vous parasitent et vous bloquent. Ces restrictions cognitives sont tellement intériorisées qu'elles sont aussi puissantes qu'un coup de couteau asséné, qui trancherait tous vos efforts. Notre cerveau commande l'intégralité de notre corps, or, s'il est assailli de pensées négatives, comment lui reprocher d'avoir du mal à trouver la motivation ? à être ambitieux ? à avoir confiance ? Si vous sentez que la lecture de ces mots touche quelque chose en vous, alors en toute amitié, je vous conseille de prononcer à haute voix des affirmations positives et bienveillantes, chaque matin devant votre miroir, afin de combattre ces croyances ancrées en vous (voir la routine *slow* du matin page 110). De même, pour vous guider aussi dans l'art de remuscler positivement votre cerveau, je vous préconise de tout cœur l'ouvrage *Les Quatre Accords toltèques*[1]. Dans ce livre de Miguel Ruiz, vous appréhenderez vos croyances avec plus de facilité.

Le plaisir

« Est-ce que je mange avec plaisir ? » C'est une question que nous devrions nous poser au moins une fois, juste pour prendre conscience du rôle que nous donnons à l'alimentation dans notre vie. Qu'on soit plutôt épicurien ou rigide, la notion de plaisir doit exister. Qui n'a jamais apprécié ces jours de fête où le repas importe peu tant qu'il y a le partage ? En ce sens, bien que personnellement je veille à apporter à mon corps des aliments de qualité boostant ma vitalité, je m'accorde avec légèreté et sans culpabilité des « jokers », qui restent à leur place d'extras et ne perturbent pas mon équilibre quotidien. Cela n'a pas toujours été le cas, et il me semble qu'il s'agit d'un apprentissage bienveillant de réconciliation avec son corps. Ainsi, si je n'avais qu'un seul conseil à vous donner, ce serait le suivant : quelle que soit votre façon de vous nourrir, faites-le toujours en pleine conscience – je sais ce que je mange, d'où ça vient et pourquoi je le mange. Pour ma part, j'éprouve beaucoup de gratitude à chaque repas, je me remercie (ou remercie la personne qui cuisine) de prendre ce temps pour moi. Nous n'aurons que ce corps au cours de notre vie donc soyons-en fiers, pour tout ce qu'il nous permet d'accomplir. Je conviens que cela peut paraître étrange de prime abord mais peu à peu, si vous l'écoutez, votre corps vous fera savoir ce qui lui convient ou pas ; vos besoins vitaux et vos sensations seront connectés. C'est ainsi que je conçois l'équilibre.

L'ASTUCE DE NOISETTE

Lorsque vous avez des pics de stress, complémentez-vous en magnésium. Vous pouvez trouver le magnésium dans le cacao et le chocolat, les fruits secs (noix du Brésil, amandes, noix), le sarrasin, les céréales complètes, le curcuma et le gingembre. Il existe également des cures de magnésium.

1. Miguel Ruiz, *Les Quatre Accords toltèques*, Éditions Jouvence, 2005.

Les courses durables

Commençons par trouver des substituts aux produits de consommation habituels. Soyons clairs, en toute logique, il n'est pas possible de faire les mêmes achats dans un magasin responsable et dans un supermarché classique sans voir la facture d'épicerie augmenter. Pour autant, acheter dans des magasins responsables ne coûte pas plus cher à condition d'accepter certains changements dans notre consommation quotidienne.

Les magasins bio

Ils ne proposent que des produits issus de l'agriculture biologique qui répondent aux normes des législations en vigueur dans le pays de production. Ils ont souvent des rayons plutôt complets avec du vrac. Certaines chaînes de magasins bio sont impliquées depuis de nombreuses années dans la diffusion d'une alimentation locale et durable.

Les magasins de vrac

Ils proposent des produits sans emballage. Il faudra donc adopter un « kit de courses sans déchet » (voir page 56) pour s'y approvisionner. Toutefois, l'ensemble des produits n'est pas obligatoirement issu de l'agriculture biologique ; souvent, on y trouve aussi des producteurs en culture raisonnée ou en transition. L'offre en magasins de vrac est encore inégale sur le territoire, mais tend à se répandre ces dernières années.

L'ASTUCE DE NOISETTE

Choisissez bien votre stand, il existe une dérive sur le marché : certains vendeurs achètent les produits auprès de grossistes de fruits et légumes et les revendent à prix fort. Les producteurs doivent être capables d'indiquer clairement d'où viennent leurs produits ; si ce n'est pas le cas ou que la provenance n'est pas locale, passez votre chemin !

Les marchés de producteurs

Le marché de quartier organisé par la municipalité est un lieu alternatif de consommation qui existe depuis toujours. Il favorise très souvent une meilleure rémunération des producteurs, propose des circuits courts de distribution et relocalise nos achats.

Les AMAP (association pour le maintien de l'agriculture paysanne)

Les AMAP[1] fleurissent partout en France et dans le monde, et donnent accès chaque semaine à des paniers bio venus tout droit des producteurs de nos régions. Elles sont, pour beaucoup, un moyen de préservation des savoir-faire locaux et de nos terroirs.

Les coopératives locales

Ces commerces sont fondés sur le principe de clients coopérateurs. Dans ce système, chacun possède une part du magasin. Différents modèles existent : parfois il faut donner quelques heures de son temps (souvent 3 heures par mois) pour faire fonctionner le lieu, parfois ce sont des bénévoles ou des salariés qui s'en chargent et la participation des clients se limite aux votes coopératifs après une adhésion financière. Cette autogestion permet d'obtenir des prix plus attractifs en éliminant tous les intermédiaires. Ainsi il est possible d'acheter les produits à des prix plus accessibles. Vous pouvez aussi y faire vos courses sans adhérer à la coopérative, comme dans un magasin standard, mais dans ce cas, vous ne bénéficierez pas des mêmes prix ou avantages que les clients coopérateurs.

Les plateformes de circuit court

Le réseau le plus répandu se nomme La Ruche qui dit Oui !. Cette plateforme Internet facilite les circuits courts à l'échelle nationale. En ligne, vous pouvez choisir votre ruche et vos produits (selon l'offre des producteurs locaux), puis aller les chercher sur les marchés éphémères organisés chaque semaine.

Les petits producteurs

Le circuit le plus court, c'est évidemment de s'approvisionner en direct dans les fermes aux alentours de chez soi si l'on vit en zone rurale. Il est ainsi facile de découvrir le type de production (bio, raisonnée ou non) et cela permet un échange humain, maillon non négligeable de notre système alimentaire.

Les petits commerces et artisans de proximité

Boulangers, épiceries fines, traiteurs, restaurants... proposent la plupart du temps des alternatives positives, à préférer aux chaînes de distribution industrielles. Par ailleurs, les déchets sont plus faciles à éviter dans les petits commerces. Vous pouvez apporter vos propres contenants pour récupérer vos commandes.

1. Pour trouver l'AMAP la plus proche de chez vous, rendez-vous sur reseau-amap.org.

EN PRATIQUE

Pourquoi j'évite les hyper et supermarchés ?

Les grandes surfaces exercent une pression sur les prix pour vendre toujours moins cher tout en prenant des marges plus ou moins excessives, et participent au gaspillage alimentaire en acceptant seulement des produits qui correspondent à leurs normes de calibrage. Éviter les supermarchés en faveur des petits commerçants encourage une rémunération plus juste des producteurs locaux et leur permet de vivre décemment de leur activité.

Les cueillettes à la ferme

Certains agriculteurs proposent de venir cueillir soi-même des fruits et légumes dans leurs champs. Une activité ludique (à faire en famille ou entre amis) qui garantit la fraîcheur et l'origine d'un produit, et réduit le coût d'achat puisque vous faites la manutention ! Attention toutefois, les cueillettes n'ont pas lieu toute l'année, elles sont généralement ouvertes d'avril à novembre.

Faire ses courses en vrac

L'offre de vrac est encore inégalement répartie sur le territoire, mais on peut noter depuis quelques années une hausse de la demande, ce qui a facilité l'ouverture des magasins de vrac. Il est de moins en moins rare de voir aujourd'hui, même dans les supermarchés, des aliments de base distribués en vrac tels que les féculents, les céréales et les oléagineux. Pour autant, l'offre en produits alimentaires liquides (huile, vinaigre…) et ménagers est encore restreinte. Et, malheureusement, certains produits sont encore très difficiles à trouver en vrac en dehors des grandes villes ; c'est notamment le cas des boissons végétales et du tofu.

EN PRATIQUE

Éviter les mites alimentaires

Si vous consommez des produits bio et en vrac, vous aurez plus de chances d'attirer les mites car vos aliments sont dépourvus d'insecticides. Bien qu'elles ne présentent aucun danger pour la santé, elles sont tout de même un sacré fléau si elles s'installent dans les bocaux ! Voici donc quelques astuces pour s'en prémunir au maximum.

Les bocaux hermétiques : les mites parviennent généralement à pondre leurs œufs dans des paquets d'aliments ouverts. Ce qu'elles préfèrent : la farine, le sucre et les féculents. Les bocaux hermétiques permettent donc d'éviter que vos produits soient envahis.

Les antimites naturels : les mites n'aiment pas les odeurs fortes. Pour éviter qu'elles colonisent vos placards, vous pouvez y mettre des sachets de lavande, des clous de girofle ou une feuille de laurier. La diffusion d'huiles essentielles dans la maison aide aussi à les éloigner.

Le frais : les mites n'aiment pas le froid. Le bon réflexe pour éviter d'être contaminé par les mites ou de les laisser se développer (si elles étaient déjà présentes lors de l'achat) est de placer au retour des courses les aliments secs tels que farine, semoule et sucre 10 minutes au congélateur.

Mon kit de courses sans déchet

Lors de mes courses en vrac, j'utilise certains indispensables, qui composent mon kit de courses sans déchet. J'utilise un grand cabas pour mettre les courses, et des sacs à vrac en tissu pour contenir les aliments secs comme la farine, le sucre, les féculents et les légumineuses, et ainsi éviter les sacs en papier ou les emballages. Il existe des sacs à vrac en tissu tout simples et d'autres sur lesquels une mesure de poids est indiquée (ceux que j'utilise), ce qui permet de prendre la quantité souhaitée facilement en magasin. Je vous conseille également de privilégier les filets à provisions pour les légumes, car on voit facilement ce qu'il y a dedans et certains commerces l'exigent. Par ailleurs, il peut être utile pour les ingrédients frais d'apporter des bocaux en verre à faire remplir directement chez votre commerçant. Il vous suffit de les faire tarer au préalable par votre commerçant pour que le poids du bocal soit déduit du poids de vos aliments. Je réutilise mes bocaux en verre (à partir d'anciens pots de moutarde, de sauce tomate...), j'en garde différents formats et je complète ma collection avec des bocaux hermétiques. De la même manière, pour les ingrédients liquides (huiles, vinaigre...) j'utilise d'anciennes bouteilles hermétiques de limonade. Je pose des étiquettes sur tous mes contenants et les emmène en fonction de mon stock et de ma liste de courses. Enfin, dans certains magasins, vous serez amené à peser vous-même vos fruits, légumes et aliments en vrac ; vous aurez alors un certain nombre d'étiquettes que vous ne pourrez pas facilement coller sur vos sacs à vrac. Si c'est le cas, je vous conseille d'apporter un petit carnet dans lequel vous pourrez les coller les unes par-dessus les autres d'une semaine à l'autre.

EN PRATIQUE

Et le refus d'un commerçant ?

Il peut arriver que des commerçants refusent que vous apportiez vos contenants de peur de contaminer leurs produits. Toutefois, dans les faits, cela ne m'est jamais arrivé – même en grande surface. Si ma démarche questionnait beaucoup il y a quelques années, aujourd'hui elle est d'autant plus acceptée qu'elle se répand chaque jour un peu plus.

N'hésitez pas à partager vos motivations, à être pédagogue et à expliquer votre démarche.

Apporter des contenants propres et secs limite le risque de refus par souci d'hygiène.

Choisissez des commerçants locaux et/ou proches de vos convictions, votre démarche n'en sera que facilitée.

COURGETTE

La conservation des aliments

Il me semble que dans cette volonté d'éviter toute sorte de gaspillage il est essentiel que nous abordions la question de la conservation optimale des aliments. Quelques astuces dans le réfrigérateur comme dans les placards nous permettront d'éviter tout gâchis.

Le frigo minimaliste

Idéalement, pour éviter la prolifération de bactéries et respecter les règles d'hygiène alimentaire, le frigo doit être nettoyé intégralement deux fois par mois. À la maison, pour faciliter ce nettoyage, nous avons mis en place des astuces (voir page ci-contre) qui nous font gagner du temps lors de ces corvées : dorénavant, le nettoyage intégral du frigo prend au maximum 20 minutes.

Comprendre le rangement du frigo

Le bac à légumes est souvent le plus problématique en raison de la mauvaise circulation de l'air et du froid. Il a tendance à gâter les végétaux les plus fragiles. Le premier étage, en bas du frigo, est le plus tempéré avec le bac à légumes, c'est donc là qu'on conserve ce qui a le moins besoin de froid comme les restes de la veille, les légumes pickles, les condiments, les sauces... Le haut du frigo est l'endroit le plus froid. Vous pouvez vérifier d'où vient le froid – et si votre frigo gère bien la température – en plaçant un thermomètre dans un verre d'eau pendant 30 minutes, aux différents étages de votre frigo. En haut du frigo, on place les aliments très sensibles aux bactéries, généralement les protéines comme les desserts, les crèmes végétales ou le tofu. La porte est l'endroit le plus chaud du frigo. On y conserve donc les produits qui s'altèrent trop avec le froid comme les jus de fruits, les boissons végétales, l'eau, les confitures, les condiments (les cornichons par exemple détestent le froid et préfèrent un garde-manger si vous en avez un) ou encore les margarines. Selon le type de frigo que vous possédez, la diffusion du froid peut varier d'un étage à l'autre ou être stable. Référez-vous à la notice d'utilisation de votre appareil.

EN PRATIQUE

4 astuces d'organisation du frigo

Des bacs de rangement : je vous conseille d'utiliser des bacs pour bien compartimenter votre frigo, et ce pour plusieurs raisons :

- ils permettent d'organiser facilement le frigo pour trouver ses aliments ;
- ils permettent de respecter la conservation des aliments lorsque les bacs sont disposés au bon étage. On retrouve ainsi plus facilement ses produits ;
- le frigo est moins sale car les aliments ne sont pas au contact des plaques de verre ;
- c'est un gain de temps en nettoyage.

Un linge : pour éviter d'avoir des légumes qui salissent mon bac à légumes, je place un linge propre dans le fond du bac, que je change à chaque nettoyage. De plus, il permet d'absorber l'humidité et les gaz d'éthylène que certains légumes libèrent et qui accélèrent le mûrissement de ceux présents à côté.

Des étiquettes : je vous conseille de réaliser des étiquettes pour vos bacs (comme pour vos bocaux). Étiqueter les bacs permet de se repérer facilement ; il s'agit d'une habitude dans les cuisines de restaurant qu'on leur emprunte volontiers.

Moins d'emballages : réduire ses déchets en consommant plus d'aliments en vrac, locaux et bio facilite le rangement du frigo. En effet, les produits industriels sont souvent suremballés, et en plus d'être néfastes pour l'environnement, ces emballages prennent beaucoup d'espace dans notre frigo et ne nous encouragent pas à le tenir propre et bien rangé.

Vivre sans frigo : mon retour d'expérience

À travers ce retour d'expérience, j'espère vous montrer qu'il n'existe pas de démarche parfaite et sans impact mais que précisément nous pouvons toujours essayer de nous challenger et de faire évoluer nos habitudes. Cette question d'une « vie sans frigo » s'est posée lors de notre dernier déménagement. Par le passé, nous vivions dans des cuisines équipées et, de ce fait, nous n'avions pas acquis de frigo. J'ai donc essayé de remettre en cause mes habitudes : avais-je réellement besoin d'un frigo ?

Est-il possible de vivre sans frigo en appartement ?

Je dirais avec cette expérience que c'est très compliqué au quotidien. D'abord, il me semble évident que la vie sans frigo est plus simple pour une personne ayant une alimentation végétale ; en effet, la plupart de ces aliments demandent très peu de réfrigération et plutôt de l'humidité. Dès lors, il nous fallait conserver nos fruits et légumes dans un bac de terre (une jardinière intérieure) : la terre et le sable leur apportaient fraîcheur et humidité. Cependant, comme nous vivions en appartement avec des animaux, cela était difficile à gérer car ils malmenaient souvent notre frigo écolo la nuit. L'été caniculaire a achevé de nous convaincre d'acquérir un frigo. Enfin, en appartement, impossible sans frigo de conserver des restes de plats ou encore de réaliser boissons végétales, desserts végétaux ou « fromages » végétaux maison sans les consommer dans les deux jours suivants. Pour toutes ces raisons, nous avons donc choisi d'acheter un frigo de seconde main. Je souhaitais tout de même partager cette expérience un peu singulière avec vous, qui pourrait vous inspirer si vous vivez en maison par exemple et avez d'autres possibilités que les nôtres. Je crois qu'une vie sans frigo est possible sans être contraignante, si vous avez à votre disposition un petit bout de jardin, une cave fraîche et un garde-manger, car vous pourrez y conserver vos aliments idéalement aux alentours de 8-10 °C (contrairement à 5-7 °C dans un frigo) sans difficulté.

L'ASTUCE DE NOISETTE

Vous avez une salade flétrie ? Trempez-la au moins dix minutes dans de l'eau avec des glaçons puis passez-la à l'essoreuse, elle va reprendre vie !

Bien conserver ses aliments

Les carottes se conservent idéalement dans un bocal avec du sable, à l'abri de la lumière et dans un endroit frais. Les légumes du soleil (tomates, aubergines, courgettes, poivrons, piments…) n'aiment pas le froid et ne se conservent donc jamais au frigo. Les baies (ainsi que les fraises et les framboises), quant à elles, doivent être rincées avec un mélange de vinaigre et d'eau pour éviter la prolifération des champignons qu'elles craignent (1 dose de vinaigre pour 3 doses d'eau). Vous pouvez conserver votre pain plus longtemps et éviter les moisissures en l'enroulant dans un tissu avec une branche de céleri (c'est une astuce de grand-mère). Enfin, pour les champignons, attention : l'humidité étant source de prolifération des bactéries, si vous les placez au frigo, mettez-les dans un sac en papier (qui va absorber l'excédent d'humidité) et dans une boîte hermétique pour les garder au propre et au sec. Il en va de même pour les pommes de terre qui se conservent dans un sac en papier ou du journal, dans un endroit sec et plutôt sombre. Glissez aussi une pomme dans le sac afin de ralentir la germination des pommes de terre.

EN PRATIQUE

Conserver les fruits et les légumes

Les producteurs d'éthylène

Banane, tomate, poire, abricot, melon, pomme, nectarine, prune, kiwi : ces fruits mûrissent encore après récolte.
Ils produisent ce que l'on appelle de l'éthylène, qui accélère la maturation de leurs voisins.

Les sensibles

Salade, pamplemousse, raisin, concombre, orange, fraise, carotte : ils ne mûrissent plus après récolte et peuvent s'abîmer très vite au contact des producteurs d'éthylène.

Les couples

Pour faire mûrir plus vite certains aliments, il suffit de les mettre à côté d'un autre aliment avec qui « ils s'entendent bien » : melon + abricot ; pomme + kiwi ; poire + banane...

À mettre dans l'eau :

- Le poireau, le céleri, la blette, le brocoli et les asperges se conservent plus longtemps lorsqu'ils sont disposés dans un bocal avec un fond d'eau.
- Les radis doivent être positionnés la tête en l'air et les fanes immergées dans l'eau.
- La salade doit être enveloppée dans un linge humide.
- Il faut placer la partie à nu d'un concombre entamé dans un peu d'eau.

DIY

Faire son *soy wrap* lavable

Cet emballage alimentaire réutilisable me permet d'éviter le film étirable (qui est en plastique) ou le papier d'aluminium. Il s'agit d'un tissu enduit de cire qui servira à emballer les restes ou les aliments à emporter, à couvrir un bol ou une assiette. Il est même possible de « cirer » un sac en tissu (intérieur et/ou extérieur) pour en faire une pochette de transport. J'y glisse personnellement mon savon en voyage mais cela peut être particulièrement utile pour le transport du goûter des enfants (ou des adultes).

matériel

- Tissu en coton bio
- Ciseaux
- Cire de soja ou de carnauba
- Feuille de papier sulfurisé (cuisson)

étapes

1. Coupez le tissu à la taille désirée. Préchauffez le four à 80 °C (th. 2-3).
2. Placez le tissu sur une feuille de papier sulfurisé et saupoudrez-le de cire sur une seule face. Il ne faut pas recouvrir tout le tissu mais en mettre de façon homogène, en n'oubliant pas les coins **(photo 1)**. Veillez à ne pas mettre trop de cire, vous pourrez en ajouter si besoin. Pas besoin de faire les deux côtés, la cire pénètre le tissu.
3. Enfournez pour quelques minutes en surveillant bien jusqu'à ce que la cire soit entièrement fondue.
4. Sortez la plaque du four et retirez le tissu immédiatement en le tenant à la verticale par deux coins afin de bien répartir la cire sur le tissu et d'enlever l'excédent. Ce n'est pas chaud, pas d'inquiétude ! Tenez-le ainsi pendant 1 minute **(photo 2)** – la cire refroidit très vite – puis étendez-le à plat afin qu'il durcisse bien. Si quelques endroits du tissu manquent de cire, n'hésitez pas à en remettre un peu et à le repasser au four.
5. Une fois la cire sèche, il est temps de recouvrir vos contenants avec le tissu **(photo 3)**.

à savoir

N'utilisez pas les *soy wraps* sur des contenants encore chauds car cela fait fondre la cire.

Vous pouvez recirer vos *soy wraps* avec la même méthode dès qu'ils ne se maintiennent plus.

1.

2.

3.

Adopter les indispensables

Faisons maintenant le tour des ustensiles indispensables dans nos cuisines. Tous les matériaux n'ont pas la même durabilité : nous allons donc essayer de bien choisir notre vaisselle ou encore nos ustensiles pour cuisiner en toute quiétude.

Les matériaux durables

Le verre est l'un des matériaux les plus écologiques car il se recycle à l'infini. Toutefois, en France, la vaisselle cassée composée de verre culinaire ne se recycle pas dans les bennes de recyclage de verre mais finit à la déchèterie, car le verre culinaire a une composition chimique différente qui ne lui permet pas d'être rebroyé. Il va mettre jusqu'à 4 000 ans pour se biodégrader dans la nature. Finalement, la vaisselle est souvent un déchet assez nuisible de nos maisons, auquel on pense peu. Veillez à la conserver aussi longtemps que vous le pouvez.

- Il remplace : l'accumulation de vaisselles en matériaux divers (assiettes en céramique...), le plastique, la silicone.
- Je l'utilise pour : la conservation des aliments (bocaux, boîtes de conservation...).

L'Inox ou acier inoxydable est un alliage d'acier composé de fer et de carbone. Il est résistant et ne craint pas la rouille. Cependant tous les articles en Inox ne se valent pas ; pour un ustensile de qualité, il est important de prendre de l'Inox 18/10. Afin de vérifier la qualité de l'Inox, vous pouvez utiliser un aimant qui est attiré par cet assemblage, qui contient un peu de chrome et de nickel. Le premier est résistant à l'oxydation, l'autre préserve les aliments (notamment lors de la cuisson) en améliorant la neutralité du matériau. L'Inox est donc idéal pour la cuisson, il est aussi facile à nettoyer et passe même au lave-vaisselle. Enfin, il est recyclable à l'infini.

- Il remplace : le Téflon, les matières antiadhésives, la silicone, le plastique.
- Je l'utilise pour : mes ustensiles de cuisson (poêles, casseroles, fait-tout) et ustensiles de cuisine (couverts, passoires...).

Contrairement aux énergies fossiles, dont les réserves sont épuisables, le bois est une matière première entièrement renouvelable puisqu'un arbre se régénère en moins de 100 ans (contre des milliers d'années pour le pétrole). C'est une ressource aussi abondante que disponible localement en France. Enfin, sa certification avec les labels PEFC et FSC permet d'identifier les forêts gérées plutôt durablement.

- Il remplace : le plastique, le béton, les mélanges de matériaux, le bambou (venu d'Asie et associé à l'utilisation de colles et de solvants controversés).
- Je l'utilise pour : mes couverts, les manches d'ustensiles, les couvercles de bocaux.

Vaisselle et ustensiles

Je vous conseille d'adapter la quantité de votre vaisselle et de vos ustensiles de cuisine en fonction du nombre de personnes qui composent votre foyer : l'idée est d'avoir assez – ni trop, ni trop peu – pour un rythme serein au quotidien. Lors de votre tri, il est normal de garder certains objets sentimentaux ; cela ne vous empêche pas d'avoir une maison minimaliste pour autant, car être minimaliste ce n'est pas « ne rien avoir », c'est « avoir juste ce qu'il nous faut ». Cela dépend donc de chaque foyer. Dans ma cuisine, la majorité de la vaisselle est dépareillée puisque je l'ai chinée en brocante ou chez Emmaüs. Cela fait de jolies tables uniques. J'adore tomber sur une assiette de Limoges témoin d'un savoir-faire français ancestral, un ancien vinaigrier en grès, une cocotte en fonte ou un moule en céramique peint à la main. Toutes ces pièces ont une histoire, elles sont passées dans plusieurs familles, plusieurs mains et c'est là toute leur magie. Votre cuisine n'a pas à être parfaitement lisse, blanche, vide pour être vraiment minimaliste et *slow* : elle doit surtout avoir du sens et s'adapter à vos besoins quotidiens.

L'ASTUCE DE NOISETTE

J'évite les matériaux suivants : plastique, silicone, bambou, Téflon. Ils rejettent des résidus chimiques dans la nourriture avec laquelle ils sont en contact à la cuisson comme à la conservation. En seconde main, il est possible de trouver des casseroles et des cocottes en Inox, en fonte et en cuivre à usage professionnel de très haute qualité !

EN PRATIQUE

Le *kintsugi* pour réparer la vaisselle

Une bêtise et c'est la chute. En quelques secondes, votre tasse préférée a fini en miettes. Plutôt que de vous énerver, pourquoi ne pas faire du *kintsugi* ? Ce mot provient des termes japonais *kin* (« or ») et *tsugi* (« jointure »), et signifie littéralement « la jointure à l'or ». Finalement, c'est l'art de faire de nos fêlures un enseignement qui vaut de l'or. J'ai découvert la technique en atelier de céramique, où j'ai pu apprendre à réparer ma vaisselle cassée et ainsi la réutiliser « presque » comme avant, puisqu'elle a aujourd'hui une valeur sentimentale en plus.

Les appareils ménagers

Je suis loin d'être antimoderniste, mais je crois que l'accumulation de tous ces gadgets dans la cuisine n'a pas rendu nos vies aussi simples qu'on aurait pu le penser. Il me semble qu'avoir une approche plus *slow*, avec ce qui nous est essentiel et utile, nous rend heureux et nous permet d'accéder à une vie plus apaisée pour notre corps et notre esprit. Par ailleurs, en raison de l'obsolescence programmée, j'essaie de limiter l'usage de mes appareils électriques ménagers au strict nécessaire. Gardez à l'esprit qu'un achat effectué en seconde main (auprès d'un particulier ou d'une recyclerie) est un bon moyen de réduire son impact écologique.

En remplaçant simplement certains appareils de ma cuisine par des options plus durables, j'adopte un mode de vie plus *slow* et responsable. Si vous souhaitez opérer ce changement, mais que vos appareils fonctionnent encore, vendez-les ou donnez-les. Enfin, essayez toujours de trouver d'abord ces appareils en seconde main avant de vous diriger vers du neuf.

Le *slow switch*

Je remplace...

La machine à expresso et ses capsules jetables...	... par une cafetière italienne (pour un véritable expresso), une cafetière française à piston (pour un café allongé), une cafetière à filtration lente pour un café *slow* et du café moulu bio et équitable.
L'autocuiseur électrique (évitez les autocuiseurs à étages car l'eau de cuisson des étages supérieurs altère les nutriments des légumes placés aux étages inférieurs)...	... par un fait-tout en Inox avec panier vapeur.
Le papier sulfurisé...	... par une feuille de cuisson lavable en fibre de verre (et pas en silicone).
L'aluminium et le film étirable...	... par des *soy wraps* et des charlottes de plat lavables, et un torchon.
Les pailles et couverts en plastique...	... par des alternatives en Inox ou en verre (pas en bambou).
Le thé en sachet individuel...	... par du thé en vrac et des sachets de thé lavables, une boule à thé en Inox ou en verre, une théière avec son filtre en Inox ou en verre, etc.
Les boîtes et contenants en plastique...	... par d'anciens bocaux recyclés (pots de sauce, moutarde, confiture) et des contenants en verre.

TEST

Tri : ai-je besoin de cet objet dans ma cuisine ?

Vous êtes sur le point d'acheter un objet pour la cuisine ? Posez-vous les bonnes questions !

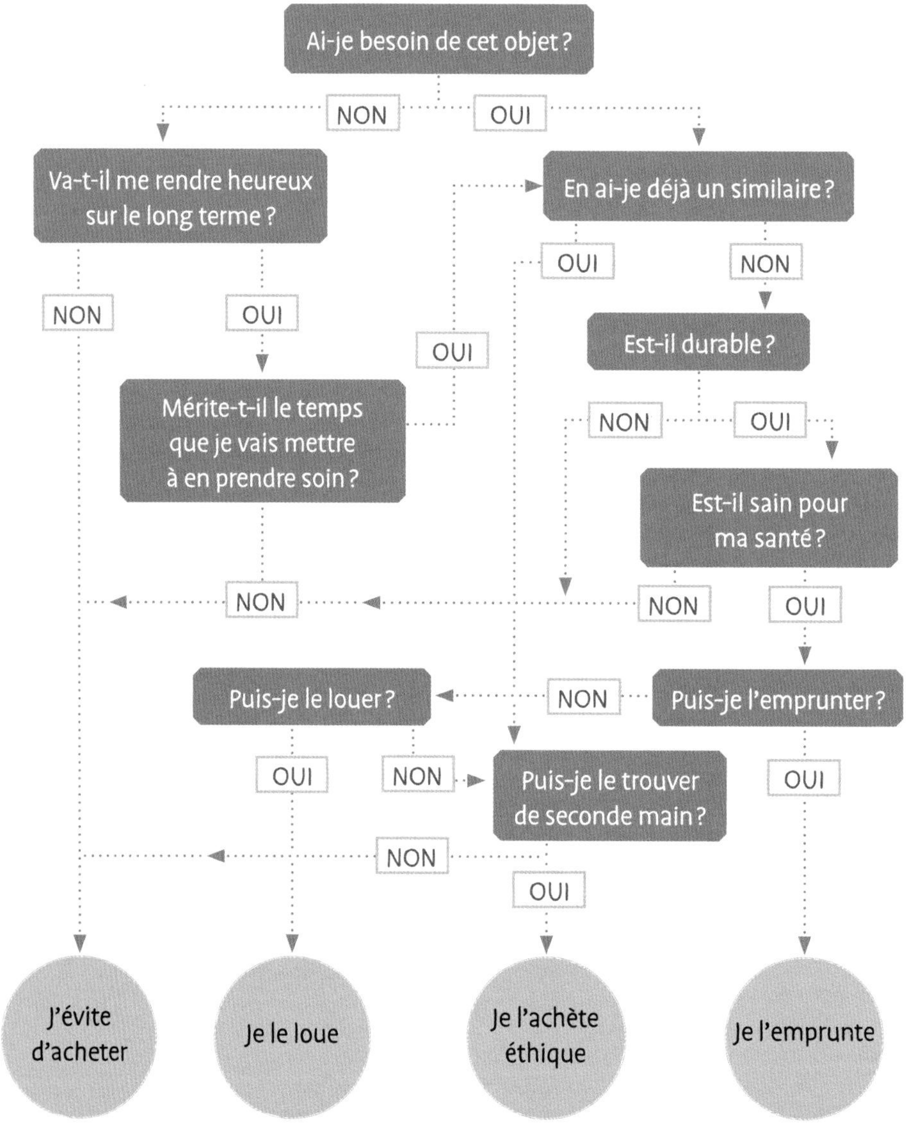

Réduire ses déchets

Chaque année, nous gaspillons un tiers de la nourriture mondiale, c'est-à-dire 1,3 milliard de tonnes de produits (soit 352 milliards d'euros gâchés). De plus, de nouvelles normes ont vu le jour. Parmi celles qui me scandalisent le plus, il y a les normes de calibrage. Si un produit présente par exemple des bosses, des coups ou une couleur un peu inhabituelle, il n'est pas jugé assez « tentant » pour le consommateur et sera jeté. Les supermarchés veulent attirer des clients grâce à des étalages de produits identiques et standardisés. Ainsi, bien malgré eux, les agriculteurs se voient contraints de détruire une partie de leur récolte, car invendue. Le mouvement citoyen mondial pour des aliments moches (ou *ugly food*) est en train de répondre à cette sanction arbitraire en essayant de faire évoluer les consciences face à ces fruits et légumes atypiques. J'ai souvent récupéré gratuitement une quantité astronomique de fruits et légumes « moches » jetés en fin de marché. Objectivement, une confiture de fraises ou une compote de pommes n'est jamais réalisée à partir de jolis fruits bien lisses. Aussi, si vous avez l'occasion de récupérer des légumes abîmés ou biscornus, pourquoi ne pas en profiter pour prendre le temps de réaliser des confitures, compotes ou bocaux maison ? Votre estomac n'y verra que du feu, croyez-moi !

Valoriser ses déchets organiques

Contrairement aux idées reçues, les déchets organiques (épluchures, légumes, restes) qui sont déposés dans les poubelles classiques et envoyés dans des décharges ont beaucoup de mal à se décomposer. Les gros camions compacteurs remplissent les décharges avec le plus de déchets possible, ce qui laisse peu de place à l'action essentielle de l'oxygène et de la lumière dans le processus naturel de décomposition. Cela produit du méthane, largement en cause dans le réchauffement climatique. Pourtant, il est possible d'investir dans une méthode de compostage des déchets organiques adaptée à son foyer.

Dans le jardin et sur un balcon : le lombricomposteur

Cette méthode est idéale pour qui dispose d'un jardin ou d'un balcon. Les lombrics ou vers tigrés avalent l'équivalent de leur poids en déchets et en litière animale compostables chaque semaine, et leur population double chaque mois, c'est donc un système assez pérenne. Toutefois les vers ne peuvent pas tout ingérer ; si ce mode de compost vous intéresse, je vous conseille de vous inscrire à un atelier dédié (beaucoup sont organisés par des associations locales et permettent de maîtriser le sujet facilement et sans prise de tête).

En appartement : le Bokashi

Bokashi est un mot japonais qui signifie « matière organique fermentée ». Cette méthode du Bokashi donne un engrais naturel, formé à partir de matière organique fermentée. Il s'agit donc à proprement parler d'un processus alternatif au compostage, fondé sur le principe de la fermentation. Un processus rendu possible grâce à une poudre de micro-organismes efficaces (EM). Le fonctionnement de notre Bokashi est très simple et fait penser à une structure en lasagnes.

- Dans un premier temps, il faut saupoudrer le fond du seau Bokashi, encore propre, de poudre d'EM.
- Il faut ensuite y déposer ses déchets organiques et enfin ajouter une couche d'EM par-dessus, de sorte que ceux-ci soient en contact avec des EM.
- Enfin, il faut bien tasser les déchets au moyen de l'ustensile fourni, afin de retirer toute poche d'air. Je vous conseille d'essayer de regrouper vos déchets pour n'avoir à l'ouvrir qu'une fois par jour.

Au bout d'une semaine, un jus peut être récupéré grâce au robinet du compartiment inférieur. Ce jus liquide est une excellente source de nutriments et un engrais bienvenu pour les plantes d'intérieur et les jardinières. L'engrais est très concentré et très acide. Avant d'en faire profiter vos plantes, il est nécessaire de le diluer dans de l'eau, à raison de 10 cl de jus dans 1 l d'eau. Néanmoins, je vous conseille de l'utiliser pur dans vos canalisations, qu'il se fera un plaisir de dégraisser. Lorsque votre Bokashi est plein, vous pouvez le vider dans un compost de ville. En fonction de votre commune, les indications sur les déchets à éviter varient. Par exemple, si votre commune utilise un lombricomposteur (comme nous l'avons vu précédemment), les vers ne peuvent pas tout ingérer.

L'ASTUCE DE NOISETTE

Vous pouvez facilement donner votre compost à des jardins partagés ou communautaires dans votre ville. Si vous vivez dans une copropriété, vous pouvez contacter votre mairie pour faire installer un composteur, avec l'accord de votre copropriété.

EN PRATIQUE

Mon retour d'expérience avec un Bokashi

Vivant en appartement, je souhaitais trouver une méthode sans odeur et sans risque d'attirer les insectes. Si vous êtes dans le même cas, le Bokashi est un moyen simple et pratique de revaloriser sa matière organique. Les conditions d'utilisation sont très abordables et ne nécessitent pas de formation particulière. Dans le seau, il est possible de verser quasiment tous les types de déchets organiques, contrairement à d'autres méthodes plus strictes (tels que le lombricomposteur) : oignons, ail, agrumes ou encore coquilles d'œufs sont acceptés (ainsi que les restes de viande ou de poisson pour les omnivores). Vous trouverez facilement des Bokashi sur Internet et la poudre EM en magasin de jardinage et en magasin bio. Lorsque mon seau est plein, je le vide dans un composteur de ville, auquel je me suis inscrite grâce à une association locale. N'hésitez pas à consulter le site de votre ville ainsi que les groupes Facebook de votre région afin de trouver la solution la plus adaptée pour vous.

Être ou ne pas être un déchet ?

Une partie des déchets pourrait aussi être revalorisée et éviter le compost. C'est notamment le cas du noyau d'avocat, de certaines épluchures de fruits et de légumes ainsi que des jus de conserve. Qu'on prenne le temps de faire un bonsaï ou qu'on mange des épluchures à l'apéritif, certains déchets n'en sont finalement pas tant que cela !

La peau des légumes bio regorge de nutriments et de minéraux, et certaines sont si délicieuses en chips qu'il serait dommage de s'en priver (voir recette ci-dessous). Je vous conseille de faire des mélanges d'épluchures parmi celles des légumes suivants : pomme de terre, panais, carotte, radis noir, patate douce, navet boule d'or, betterave.

Le jus présent dans les conserves de légumineuses (pois chiches, haricots blancs...) s'appelle l'« aquafaba » et il remplace à merveille – et sans arrière-goût – les blancs d'œufs montés en neige. Lorsque vous mangez des légumineuses en bocaux, récupérez le jus ! Je vous propose en page ci-contre une petite recette de mousse au chocolat très simple à l'aquafaba.

RECETTE

Les chips d'épluchures de légumes

ingrédients

- 150 g d'épluchures de légumes
- 3 c. à soupe d'huile de tournesol
- 1 c. à soupe de curry
- 1 pincée de sel

étapes

1. Dans un saladier, mélangez les épluchures avec l'huile, le curry et le sel.
2. Enfournez pendant 20 minutes à 180 °C (th. 6). Les chips doivent être bien croustillantes.

RECETTE

La mousse express à l'aquafaba

ingrédients

- 100 g d'aquafaba
- 1 c. à café de jus de citron (qui aidera à figer les blancs)
- 1 pincée de sel
- 100 g de chocolat noir pâtissier
- 20 g de sucre complet

matériel

- Cul-de-poule
- Batteur
- Casserole + bol pour le bain-marie
- 2 ramequins

étapes

1. Dans un cul-de-poule, mélangez l'aquafaba, le jus de citron et le sel. À l'aide d'un batteur, montez le mélange pendant une dizaine de minutes, jusqu'à ce que vos « blancs » soient bien fermes.
2. Faites fondre le chocolat et le sucre au bain-marie.
3. Ajoutez le chocolat fondu petit à petit à vos « blancs en neige », en remuant délicatement.
4. Versez dans des ramequins et réservez une nuit au réfrigérateur.

à savoir

Il est tout à fait possible de twister cette recette de mousse avec un arôme (1 c. à café d'arôme d'amande douce), des épices (cannelle, noix de muscade, fève tonka) ou une liqueur (1 c. à café de Cointreau®).

DIY

Un bonsaï avec un noyau d'avocat

Au lieu de faire germer votre noyau d'avocat, qui, soyons sincères, sous nos latitudes, a peu de chances d'offrir des avocats un jour, réalisez plutôt un bonsaï. L'art du bonsaï m'a beaucoup appris : résilience face à la fragilité du vivant, patience et persévérance tant c'est un travail qui demande de prendre le temps pour profiter de l'effet escompté. Une démarche totalement *slow life* !

matériel

- 1 noyau d'avocat bio
- 4 pics en bois (allumettes)
- Billes d'argile
- Substrat pour bonsaïs et plantes d'intérieur
- Fils de cuivre
- Pot à bonsaï en grès (perforé)
- Soucoupe

étape 1 : faire germer le noyau

1. Laissez le noyau sécher à l'air libre jusqu'à voir sa peau se craqueler. Vous pourrez alors l'éplucher.
2. Enfoncez 4 petits pics en bois en prenant soin de les planter au même niveau sur le tiers supérieur du noyau. Les pics vont aider à tenir le noyau pendant sa germination.
3. Immergez la partie basse, plate du noyau dans un verre d'eau. Changez l'eau une fois tous les deux jours.
4. Placez le verre à la lumière, près d'une fenêtre idéalement, et faites preuve de patience. Au bout de quelques semaines, le noyau va se fendre en deux. D'abord une racine va se former puis une jeune pousse, qu'il faudra alors planter.

étape 2 : faire un bonsaï d'avocat

1. Placez des billes d'argile au fond de votre pot, puis ajoutez un peu de substrat pour bonsaïs et plantes d'intérieur mélangé à quelques billes d'argile. Il est important que votre pot soit bien drainé pour que votre avocat se développe de manière optimale. Creusez un petit trou et placez-y le noyau après avoir délicatement retiré les pics en bois. Veillez à laisser dépasser la partie pointue du noyau sur quelques centimètres. Ensuite, tassez légèrement le terreau.
2. Il faudra arroser assez généreusement l'avocat, la terre devant rester humide au début, car il était habitué à l'eau. Lorsque la pousse mesure 5 à 6 cm de haut, il est temps de commencer le travail du bonsaï.
3. À l'aide des fils de cuivre, vous allez donner peu à peu à la tige principale la forme souhaitée. Attention, ne serrez pas trop les fils afin de ne pas risquer un retrait de sève.
4. Lorsque 2 feuilles se seront développées il faudra alors pincer (autrement dit « couper ») en dessous de ces dernières afin de permettre à la plante de se fortifier et de se ramifier. Elle va alors créer de nouvelles branches latérales et devenir plus touffue. Chaque branche peut être travaillée avec du fil de cuivre fin comme nous l'avons expliqué précédemment.
5. Au bout de plusieurs mois de patience et de persévérance, vous obtiendrez un bonsaï d'avocat.

1.

2 mois

5 mois

9 mois

Le gaspillage des emballages

Les rayons des épiceries et des supermarchés regorgent de produits sous emballage. Cela a conduit certains supermarchés à l'hérésie, que tout le monde dénonce, comme des clémentines ou des bananes épluchées et emballées dans des barquettes sous film étirable. Dans une démarche de vie plus *slow* et minimaliste, nous aurons à cœur de réduire ces emballages superflus. L'élimination des emballages industriels plastiques pose aujourd'hui une vraie question : 91 % des plastiques finissent sous une forme non recyclable, et leur destruction impacte drastiquement notre écosystème. Par ailleurs, l'incinération, utilisée comme alternative à l'enfouissement, libère des vapeurs encore plus toxiques dans l'atmosphère. Or le parc d'incinération français fait partie des plus importants d'Europe : 126 usines d'incinération traitent environ 14,5 millions de tonnes de déchets par an. Il convient de questionner notre modèle de traitement. Il faut aussi prendre conscience des effets pervers du recyclage, qui ne doit pas devenir un prétexte : « C'est bon, c'est recyclé/recyclable ». Idéalement, nous essaierons toujours de réduire à la source plutôt que de systématiser le recyclage, qui ne répond pas encore à un système vertueux et circulaire – certains procédés altèrent la santé de ceux en charge du tri... Toutefois, l'impact zéro n'existant pas, si vous avez besoin d'articles emballés, optez autant que possible pour des emballages durables comme le verre. Dites-vous toujours que les produits emballés en grande quantité sont plus écologiques que les emballages individuels, et qu'il faut éviter les produits à usage unique car leur coût de création et de destruction n'est même pas amorti par le temps d'utilisation. Prenons l'exemple des bouteilles d'eau en plastique, qui sont devenues la norme car nous imaginions entre les années 1980 et 2000 que l'eau en bouteille était plus saine que celle du robinet. Si cela est bien le cas dans certaines régions du monde, dans d'autres régions, l'eau courante est de la même qualité. D'ailleurs, des études prouvent que certains industriels de l'embouteillage utilisent l'eau du robinet ! Voici un simple constat : si vous avez l'habitude d'acheter des bouteilles d'eau, celles-ci vous coûtent au bas mot deux mille fois plus cher que l'eau du robinet. Je vous conseillerai donc toujours d'opter pour une eau filtrée transportée dans un contenant réutilisable – mug, tasse, gobelet, ou bouteille en verre ou en Inox.

Filtrer l'eau du robinet

Pour filtrer l'eau du robinet, je ne vous recommande pas les procédés de filtration en carafe avec recharge, car cette dernière est souvent proposée dans du plastique jetable. J'utilise plutôt une méthode asiatique appelée « Takesumi » : la filtration par le charbon. Le charbon actif est obtenu par la carbonisation du bois de bambou à haute température. Ce traitement active sa faculté de filtration et il agit pour fixer et retenir les impuretés et les toxines indésirables de l'eau du robinet. Pour l'entretien, je fais bouillir le bâton de

charbon une fois par mois dans l'eau pendant 5 minutes puis le laisse sécher 20 minutes avant de le réutiliser. Chaque bâton dure 6 mois et coûte une dizaine d'euros en magasin bio (comme nous l'avons vu, le bambou n'est pas toujours durable, veillez donc à acheter du Takesumi véritable en magasin bio). Il s'agit de la seule solution de filtration de l'eau abordable, car les fontaines de filtration durables sont un investissement important (en moyenne 500 euros). J'utilise une autre solution naturelle pour traiter l'eau du robinet : les perles en céramique, achetées en magasin vrac ou bio. Une dizaine de perles en céramique permet de réduire le calcaire présent dans 1 l d'eau ; placées astucieusement dans une bouilloire, elles vous épargneront le détartrage trop fréquent. Attention, contrairement aux idées reçues, les perles en céramique ne servent pas à minéraliser l'eau, ni à en filtrer intégralement le chlore ; elles agissent uniquement sur le calcaire.

Réduire les dépenses d'énergie

Faire la cuisine consomme beaucoup d'énergie. Toutefois il existe quelques solutions pour faciliter la préparation des repas tout en ayant un impact contrôlé. Par exemple, n'hésitez pas à faire griller des légumes en plus, que vous utiliserez plus tard dans la semaine. Ou encore, un four à chaleur tournante n'a pas toujours besoin de préchauffage, à moins d'y enfourner du pain ou un gâteau. Vous pouvez donc prendre l'habitude d'enfourner directement vos aliments pour économiser de l'énergie. Dans tous les cas, quel que soit votre mode de cuisson, n'oubliez pas d'utiliser un couvercle, qui accélère la cuisson et donc économise de l'énergie. De même, une eau salée arrive plus rapidement à ébullition qu'une eau non saline : n'hésitez ainsi pas à ajouter 1 cuillerée de sel directement dans l'eau des pâtes ou du riz pour réduire votre dépense d'énergie.

L'utilisation des eaux de cuisson

- L'eau de cuisson des légumes : il s'agit bien souvent d'un bouillon de légumes salé qui peut être réutilisé. Vous pouvez le conserver dans une bouteille au frigo plusieurs jours ou encore le congeler dans des bacs à glaçons. Il fait aussi office d'engrais au jardin grâce à sa teneur élevée en nutriments.

- L'eau du riz : je l'utilise comme eau de prérinçage pour mes cheveux lors du shampoing, car l'eau de cuisson du riz est un excellent soin brillance. Je la conserve dans une bouteille en verre et je l'utilise dans les jours qui suivent.

- L'eau des pâtes : en Italie, c'est un sacrilège de jeter l'eau des pâtes, que les grands chefs considèrent comme de l'or liquide. Elle est utilisée pour préparer bouillons et sauces.

Je mesure mes progrès

dans la cuisine

	jour 1	à 6 mois	au bout de 1 an
Je choisis des légumes de saison avec une provenance locale.	○	○	○
J'ai mis en place mon kit de courses sans déchet (sacs à vrac, bocaux...).	○	○	○
Mon alimentation est essentiellement ou exclusivement végétale.	○	○	○
J'ai fait un *slow switch* dans ma cuisine, en remplaçant mes ustensiles et/ou mon matériel par des substituts plus durables.	○	○	○
J'ai fait du tri dans ma cuisine pour ne garder que ce qui m'est essentiel.	○	○	○
Je composte mes déchets organiques.	○	○	○
Je conserve mieux mes aliments et fais en sorte de réduire le gâchis alimentaire à la maison.	○	○	○
Je change mon état d'esprit, j'adopte une vision plus *slow* : moins mais mieux.	○	○	○
Je valorise mes déchets (eau, épluchures...).	○	○	○
J'ai adopté une alimentation bienveillante qui prend soin de ma santé et de mon bien-être.	○	○	○

la chambre

Nous passons près d'un tiers de notre vie assoupis ; la chambre représente donc un espace de la maison à ne pas négliger tant on y passe du temps. C'est vraiment la pièce où l'on vit des moments à soi, le lieu du repos mental et physique ainsi qu'un espace personnel et intime. Nous essaierons donc d'en faire un véritable refuge. Et, bien que la chambre soit souvent la plus petite pièce de la maison, il y a beaucoup à faire pour l'inscrire dans une démarche *slow* et responsable. Je pense notamment aux placards qui débordent d'une mode prête à jeter mais aussi au rythme de vie frénétique qu'il faut apprendre à ralentir pour retrouver un sommeil serein et réparateur.

Un mobilier durable

Notre rapport aux biens matériels, comme le mobilier, a changé. Autrefois, on pouvait investir dans l'achat d'une chambre à coucher qu'on léguait à ses enfants car le mobilier avait de la valeur et était conçu pour durer. À l'inverse, de nos jours, le design de la majorité du mobilier moderne suit les tendances du moment. Les meubles sont devenus des objets jetables qu'on retrouve souvent amoncelés sur les trottoirs. Pourtant, le mobilier a un impact direct sur l'épuisement des ressources naturelles et le traitement souvent médiocre des populations locales. En effet, la demande constante des industries de l'ameublement pour le bois dur des forêts tropicales entraîne l'exploitation illégale de forêts parmi les plus riches en biodiversité. Et si nous revenions à un mode de vie plus cohérent et plus juste pour nous et pour les autres ?

Adopter un mobilier durable

Dans la chambre comme dans le reste de la maison, je vous conseillerai toujours de privilégier un mobilier d'occasion. Il n'y a pas plus éthique et minimaliste qu'adopter un objet déjà existant – c'est lui donner une seconde vie et certainement lui éviter la poubelle ! Pour cela, il existe énormément de possibilités : aller dans une brocante, dans un vide-grenier, sur les sites de vente entre particuliers… Il existe aussi des sites de dons, tels que donnons.org ou Geev.com. Si, au contraire, vous faites le choix d'un mobilier neuf, il faudra alors vous renseigner sur sa fabrication et ses composants. À titre d'exemple, le bambou, en vogue ces dernières années (car poussant très rapidement), n'est pas une solution écologique. Il est souvent produit en Asie, son transport est donc coûteux en CO_2 et il nécessite parfois l'utilisation de colles chimiques problématiques qui dégagent des pollutions dans l'air ambiant que nous respirons, se transmettent aux aliments avec lesquels elles sont en contact et rendent le bambou non biodégradable.

L'ambiance

L'ambiance dans la chambre est la clef de voûte de notre bien-être. C'est important de veiller à ce que cet espace soit le plus sain et le plus serein possible. Pour cela, évitez les couleurs trop vives et privilégiez les couleurs douces et pastel, plus reposantes pour le mental. L'odorat est un sens souvent mis de côté ; pourtant il participe à rendre une maison chaleureuse. Adoptez des odeurs naturelles : aérez votre intérieur au moins trente minutes

EN PRATIQUE

Les labels à retenir

Le label FSC (Forest Stewardship Council) et le label PEFC (Programme for the Endorsement of Forest Certification), garantissent un bois issu d'une forêt gérée durablement, selon des méthodes responsables, contribuant à lutter contre la déforestation et la destruction des forêts primaires.

NF environnement est l'unique label français officiel qui assure l'achat de meubles sains et durables au-delà des exigences réglementaires. Pour l'obtenir, le produit doit suivre un cahier des charges strict, sur la base de cinq critères comme la protection de l'environnement, le choix des matières premières (colle, peinture, revêtements...), les informations délivrées aux consommateurs, la fabrication ou encore le recyclage du meuble en question.

Entreprise du patrimoine vivant est un label servant à promouvoir notre patrimoine artisanal et industriel. Il permet notamment d'acheter de la décoration, des textiles et des meubles respectant l'artisanat français. Il ne présente toutefois pas de garantie quant à l'impact écologique du produit, il n'est qu'un indicateur de l'impact social.

par jour pour un air pur et frais, utilisez de la lessive naturelle maison (voir page 184), diffusez quelques huiles essentielles finement choisies ; bannissez les bougies et autres sprays d'ambiance chimiques.

Attention aux cristaux !

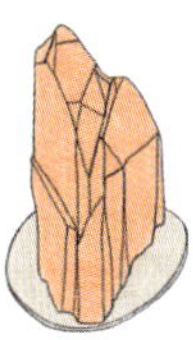

Actuellement, les pierres semi-précieuses et les cristaux sont présents partout, pourtant leur achat n'est pas sans conséquence. Avant de craquer sur une améthyste ou un quartz rose pour ses qualités en lithothérapie, renseignez-vous sur l'extraction de ces minerais. Pour la chambre, je vous recommande plutôt d'opter pour une lampe de sel que vous trouverez en magasin bio qui privilégie des mines européennes (principalement polonaises), plutôt qu'une lampe au sel d'Himalaya. Ces lampes sont réputées lutter contre les ondes électromagnétiques des appareils, entre autres.

EN PRATIQUE

Le parfum de penderie naturel

Comme nous l'avons vu dans la cuisine, les mites peuvent s'incruster dans nos placards, et il en va de même pour le dressing, surtout quand les fibres sont naturelles. Afin d'éviter toute intrusion et de parfumer délicatement mes vêtements, j'utilise un hydrolat en spray pour créer un parfum de penderie naturel, que je vaporise une fois par semaine. Il est tout à fait possible de le faire chaque jour si vous souhaitez utiliser l'hydrolat aussi comme parfum d'ambiance.
Je change d'hydrolat au fil des saisons afin de respecter le rendement des cultures ; ses vertus sont ainsi préservées et agissent plus efficacement sur mon bien-être.

En hiver, l'hydrolat de cassis bio (ou groseille noire) : une eau florale apaisante. Elle agit aussi sur les rhumatismes et les douleurs articulaires.

Au printemps, l'hydrolat de jasmin bio : cette eau florale a une senteur fleurie et délicate particulièrement appréciée en parfumerie. Il s'agit d'une odeur raffinée réputée pour calmer les tensions et éveiller les sens.

En été, l'hydrolat de lavande fine de Provence bio : la lavande est un antimite naturel. De plus, la diffusion d'hydrolat de lavande dans la pièce a un effet calmant – il aide à apaiser les états de tension. Vous pouvez aussi suspendre des petits brins de lavande séchés pendant l'été.

En automne, l'hydrolat de bay Saint Thomas bio : cette eau florale aux senteurs épicées est un excellent stimulant général du corps, et rend plus tonique pour le changement de saison. Il est aussi revitalisant et a un effet légèrement aphrodisiaque.

La literie

Côté literie, je vous conseille d'adopter des fibres naturelles (lin, chanvre, coton bio...) qui vous seront plus confortables et vont mieux s'adapter aux changements de température, en plus d'être plus éthiques et plus durables. Pour les matelas et les oreillers, les plus sains sont les artisanaux en laine (trouvés de seconde main), un futon japonais en coton bio (très durable) ou encore un matelas 100 % latex naturel et produit en France, car ils sont entièrement biodégradables et ne rejetteront pas d'émissions de déchets ni de toxines pendant leur utilisation ou leur destruction.

L'ASTUCE DE NOISETTE

Je range ma literie par parure de lit dans une taie d'oreiller. Je plie donc le drap-housse, la housse de couette, la première taie d'oreiller ensemble et les glisse ainsi dans la seconde taie d'oreiller correspondante. Cela facilite le rangement (surtout lorsqu'on a plusieurs lits à faire) et évite de dépareiller.

Le rangement

La chambre est selon moi la pièce qui doit être la plus épurée et la plus rangée de la maison ; en effet, comment pouvons-nous nous vider l'esprit dans un espace qui déborde d'objets ? On croit souvent, à tort, que le désordre naît d'un manque d'espace ou de rangements, alors que bien souvent il s'agit davantage d'un surplus d'objets qui nous sont inutiles. Après avoir fait le tri dans la chambre, il vous appartiendra donc de réserver une place sacrée à chaque objet. Je ne suis pas une adepte des grandes « méthodes de rangement », je crois au contraire qu'un rangement est efficace s'il s'adapte à vous et à votre quotidien. Ainsi, n'hésitez pas à mixer et à adapter les méthodes, et ne culpabilisez jamais de ne pas les suivre à la lettre, car aucune n'est parfaite !

Le dressing

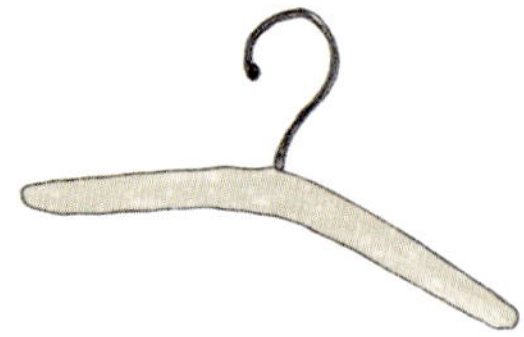

Passons maintenant à notre armoire de vêtements. J'ai remarqué autour de moi que cette étape faisait souvent peur et était la plus délaissée, y compris par des personnes engagées dans la volonté d'adopter des gestes plus écoresponsables. Je crois que, pendant des années, la mode éthique a souffert d'une image dévalorisante ; elle était perçue comme ennuyeuse et terne, ou très complexe. Pourtant, comme nous allons le voir, il suffit de quelques repères simples pour diminuer son impact négatif et y voir plus clair lorsqu'il est question de shopping.

La *fast fashion* : le prêt-à-jeter

Les termes *fast fashion*, littéralement « mode rapide », désignent les enseignes de mode qui renouvellent très régulièrement leurs collections pour produire en quantité des vêtements à bas coûts et les vendre à petits prix. Malheureusement, si le prix ne grimpe pas à l'achat pour le consommateur, il monte en termes d'impact environnemental et social. Les pièces tournent régulièrement, l'appel du prix soldé est constant, encourageant à l'accumulation de pièces dont nous n'avons pas réellement besoin. Ainsi, une marque de mode qui est éthique et durable veillera à limiter ses collections, privilégiera les matières écologiques et durables qu'elle garantira grâce à des labels indépendants et/ou une transparence sur sa démarche. Aussi, elle réfléchira à son impact environnemental, notamment si elle produit à l'étranger, afin de ne pas alourdir son bilan carbone avec des transports insensés. Enfin, elle adoptera un prix juste, respectueux de toute la chaîne de production.

Les matières les plus écologiques à privilégier

Les matières naturelles sont le meilleur choix pour des vêtements durables puisqu'elles contribuent aussi à réduire la demande en matériaux synthétiques. Ces derniers (le polyester, l'acrylique et le Nylon entre autres) polluent les eaux en rejetant, pendant le lavage, des millions de microfibres plastiques.

- Le coton est le matériau de base de nombreuses garde-robes car il est doux et sa composition permet une bonne aération. Toutefois, en raison de la forte demande mondiale, la culture du coton n'est pas irréprochable. Privilégiez donc toujours un coton biologique qui n'utilise ni pesticides, ni produits chimiques et souvent moins d'eau que la culture conventionnelle. Soyez à l'affût des marques utilisant un coton bio et des conditions

EN PRATIQUE

Débusquer le *greenwashing*

Le *greenwashing* est un procédé de marketing utilisé par une entreprise avec l'objectif de se donner une image écoresponsable – pourtant assez éloignée de ses pratiques de fabrication – en se servant de codes rappelant l'écologie, comme :

Le vert : un packaging vert évoque inconsciemment une composition biologique, une conscience écologique. Jouer sur les termes ambigus tels que « naturel », « *green* », « végétal », « propre », « planète »…

Le faux label : très courant, il permet à certaines marques de contourner le fait qu'elles ne puissent pas être labellisées par un label écologique fiable.

L'exagération : par exemple, vanter les mérites écologiques d'un produit qui est seulement recyclé (le consommateur paie pour le recyclage, ce n'est pas un argument écologique), ou mettre en avant le seul produit naturel au sein d'une composition qui ne l'est pas du tout.

L'absence de preuves : c'est le fait qu'une entreprise avance une conviction sociale ou écologique sans fournir de garantie transparente à son propos.

Attention aux blue-jeans

Le processus de fabrication du denim est polluant, notamment en raison de l'utilisation de produits cancérigènes et toxiques (comme le plomb et le mercure) pour obtenir sa teinte bleue si appréciée. Heureusement, des pratiques écoresponsables se développent à partir de fibres de coton biologique et de teintures à base de plantes plus respectueuses de l'environnement. Je vous recommande de chercher des jeans 100 % coton bio certifiés par le label GOTS ou en fibres recyclées bio.

de travail équitables. Il conviendra aussi d'éviter autant que possible les mélanges « polycoton » contenant des fibres de polyester synthétiques, car le mariage des fibres synthétiques et naturelles est plus difficile à recycler.

- Le lin est une autre fibre naturelle que j'apprécie car elle est aérée et durable. C'est un isolant naturel qui préserve de la chaleur pendant les mois d'été et de la fraîcheur par temps froid (par exemple, une robe en lin doublée de coton est extrêmement chaude). Au début, il se froisse facilement, mais au fur et à mesure des lavages (à 30 °C maximum) et des séchages à l'air libre, les plis sont lissés et le tissu devient plus souple et doux, et donc plus confortable.
- Le chanvre est un tissu durable aux propriétés antibactériennes intéressantes : il supprime notamment les odeurs, contrairement au coton qui a tendance à les contenir. Il exige également peu de ressources naturelles pour sa fabrication, pousse rapidement sans pesticides et produits chimiques. De manière générale, je vous le recommande, notamment en alternative aux matériaux synthétiques pour les vêtements de sport par exemple. Le filage du chanvre se développe et l'on en trouve de plus en plus facilement en France. Toutefois, le prix de cette matière est un peu élevé en raison d'une production plus lente (comparée au lin) et de ses propriétés multiples.
- Le bois, même si peu de gens en ont conscience, permet de réaliser des vêtements. On le retrouve communément sous les termes « Tencel® » et « Lyocell » sur nos étiquettes. Il s'agit d'une matière écologique produite à partir de pulpe de bois, la cellulose (principalement de l'eucalyptus et des feuillus), et d'un solvant non chimique, et dont la fabrication ne nécessite que très peu d'eau. C'est une matière très appréciée dans l'industrie textile pour ses propriétés respirantes et résistantes, très comparable à la soie – c'est pourquoi on l'appelle souvent « la soie végétale ». Plutôt que la viscose, largement utilisée en *fast fashion*, qui est aussi une fibre cellulosique, je vous conseille le Tencel® et le Lyocell, qui sont des fibres brevetées françaises, qui recyclent 99 % de la soude caustique utilisée dans le processus de fabrication et sont issues de forêts durablement gérées. Ces matières sont produites dans un circuit à boucle quasi fermée, où les matières sont constamment recyclées, purifiées et réutilisées.

L'ASTUCE DE NOISETTE

Nous avons tous un certain nombre de vêtements synthétiques qui nous sont utiles pour diverses raisons (sport, activités en plein air…) et que nous souhaitons garder. Pour éviter le rejet de microplastique, je vous conseille d'investir dans un sac de lavage type Guppyfriend® (une trentaine d'euros), qui retient les microfibres synthétiques lors du lavage.

EN PRATIQUE

Comprendre les étiquettes

Les étiquettes textiles sont obligatoires en France et indiquent les éléments suivants.

La composition du produit : elle détaille toutes les fibres textiles utilisées et dans quel pourcentage.

La provenance du produit : son lieu de fabrication est identifié sous les termes « made in » et « fabriqué en ». Il est à différencier des formules « dessiné avec amour en France » ou « créé en France », qui ne donnent pas d'indication sur la provenance mais uniquement sur le design du produit. Sa fabrication peut ainsi avoir été effectuée à l'autre bout du monde !

Les conseils d'entretien : ils sont souvent présents bien qu'il ne s'agisse pas d'une obligation réglementaire, et sont représentés par des pictogrammes (machine à laver, fer à repasser, lavage à la main...).

Les labels : on retrouve parfois des labels sur l'étiquette, il faut veiller à ce qu'il s'agisse de labels fiables avec des contrôles indépendants (voir le point sur le *greenwashing* page 89). Ainsi, je privilégie les labels suivants :

- GOTS (Global Organic Textile Standard), qui m'assure un coton bio à 95 % et l'absence de métaux lourds et d'OGM, mais aussi une prise en compte des critères sociaux (conditions de travail et rémunération).
- Origine France Garantie : contre le « faux » made in France précédemment évoqué. La totalité de la confection (coupe, montage et finition) a lieu en France. C'est la garantie d'un vêtement respectant les normes sociales, environnementales et sanitaires.
- Soil Association Organic est un label bio britannique qui ne se limite pas aux textiles, fondé sur le même cahier des charges que le label GOTS.

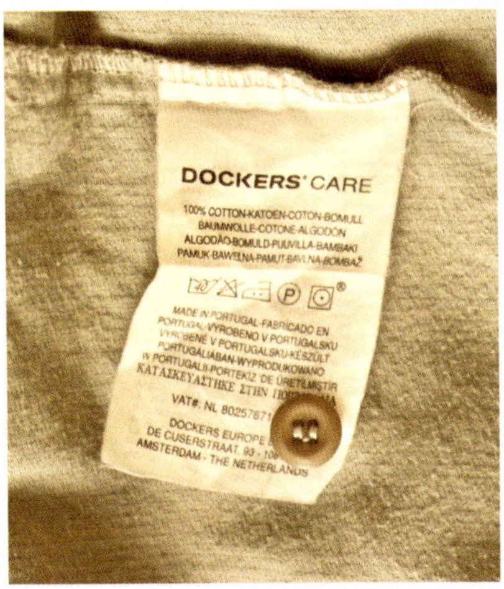

EN PRATIQUE

Comment savoir si un vêtement est éthique ?

Vous êtes sur le point d'acheter un vêtement ? Posez-vous les bonnes questions !

A-t-il été fabriqué dans de bonnes conditions ?
Si vous achetez un vêtement fabriqué dans votre ville ou près de chez vous, cela participe à l'économie circulaire locale en donnant du travail à un atelier, un couturier, etc. Le « fabriqué en France » a un coût, aussi toutes les entreprises ne peuvent pas forcément y recourir. Certaines pièces peuvent dont être fabriquées à l'étranger et demeurer éthiques, notamment lorsqu'elles le sont en Europe ou qu'elles sont labellisées. Par exemple, on retrouve au Portugal, en Italie et en Ukraine des ateliers de fabrication qui respectent les normes de conditions de travail et proposent une belle qualité de textile et de maroquinerie. On retrouve souvent la provenance après la mention « made in » ; si ce n'est pas indiqué, fuyez !

Est-ce un vêtement que je porterai souvent ?
En France, beaucoup de vêtements dorment dans les armoires. Or un vêtement éthique, c'est aussi une pièce utile et polyvalente qui aura sa place dans votre garde-robe quotidienne. Ne laissez pas un coup de tête décider de votre achat ; réfléchissez à la place que pourra avoir cette pièce dans votre garde-robe.

Est-ce que je peux le trouver de seconde main ou vintage ?
Lorsque vous achetez des vêtements de seconde main, y compris issus de marques de *fast fashion*, votre démarche est éthique car elle ne demande pas de nouvelles ressources pour créer des vêtements. Évidemment, vous pouvez toujours vous renseigner sur la provenance du pays et sa fabrication pour pousser davantage votre démarche éthique.

Est-ce que j'ai des informations sur les matières ? Sont-elles naturelles ou synthétiques ?
Les matières naturelles, comme leur nom l'indique, ne sont pas issues de la pétrochimie et donc du pétrole, contrairement aux matières synthétiques (polyester, polyamide, acrylique, viscose, cupro…), qui sont issues de procédés chimiques à base d'hydrocarbures ou d'amidon. Elles sont donc plus respectueuses de l'environnement.

Et si je transformais un ancien vêtement plutôt que d'en acheter un nouveau ?
Un vêtement éthique c'est aussi un vêtement dont on prend soin et que l'on ne jette pas au premier accroc. Penser éthique, c'est consommer moins et réutiliser/transformer des pièces que l'on possède déjà. Sachez aussi qu'un vêtement bien fabriqué pourra facilement être recousu par un·e professionnel·le, surtout s'il a été fabriqué en France ! Pour cela n'hésitez pas à contacter la marque ou l'usine pour demander un bouton de rechange, une retouche, ou bien contacter des couturières pour faire travailler les petits commerces de proximité. Et pour les vêtements que vous souhaitez transformer, pensez *upcycling* !

Est-ce que je succombe à une tendance ?
Pensez à la méthode « Bisou », mise au point par Marie Duboin Lefèvre et Herveline Verbeken :
B pour **besoin** : est-ce un besoin ?
I pour **immédiat** : puis-je attendre ?
S pour **semblable** : en ai-je déjà un ?
O pour **origine** : quelle en est l'origine ?
U pour **utile** : est-ce que ça va m'être utile ?

Une garde-robe minimaliste

Un dressing minimaliste est avant toute chose composé de vêtements qu'on va porter. Autrement dit, il ne saurait être complètement identique d'une personne à l'autre car il doit d'abord correspondre à votre vie et à votre style. Pour faire un tri et composer une armoire durable, il faudra déterminer les activités principales de votre quotidien.

Le désencombrement du dressing

N'y voyez donc pas une injonction fade ou ennuyeuse mais davantage un repère. Bien sélectionner ces essentiels vous permettra d'avoir de vrais basiques intemporels que vous pourrez compléter à loisir par quelques excentricités qui affirmeront votre personnalité. La phase de tri est une étape essentielle pour prendre conscience de ces anciennes habitudes et amorcer un réel changement.

Pour cela, il va vous falloir sortir toutes les pièces de votre armoire et les répartir en quatre piles différentes :

1. Ce qui ne me va pas.
2. Ce qui ne me ressemble pas/plus.
3. Ce que j'aime.
4. Je ne sais pas.

Tous les vêtements des piles 1 et 2 sont à donner et à recycler. Pour les vêtements des piles 3 et 4, aidez-vous du test page 95. N'oubliez pas que plus vous aimez vos vêtements parce qu'ils vous vont bien et s'associent entre eux, plus vous aurez envie de les garder longtemps. Votre dressing minimaliste doit donc devenir votre placard préféré.

Donner et recycler les vêtements

Ne jetez pas vos vêtements non portés à la poubelle ! Les vêtements non portés peuvent être donnés à des associations (comme Emmaüs, le Secours populaire ou la Croix-Rouge), à des ressourceries, par l'intermédiaire de dons entre particuliers (Geev, Leboncoin, groupes Facebook) ou encore déposés dans des bornes de collecte (le Relais, Refashion – anciennement La fibre du tri). Du côté des accessoires, n'hésitez pas à déposer vos anciennes lunettes à votre opticien à l'intention de l'association Lunettes sans frontière.

Lorsque vos vêtements sont trop abîmés pour être donnés, ils ne sont pas pour autant fichus, ne les jetez pas ! Vous pouvez éventuellement les faire réparer par une couturière ou même par la marque s'il s'agit d'une marque éthique française qui le propose. Enfin, si la pièce est irréparable, le tissu peut toujours servir : donnez-le à des couturières, qui créeront de nouvelles choses. Si vous maîtrisez les rudiments de couture, vous pouvez réutiliser vos serviettes de bain usagées, par exemple, pour les transformer en essuie-tout lavable (voir page 170).

Le cas du vêtement sentimental

Qu'il s'agisse de votre tenue de mariée ou d'un vêtement qui vous a donné confiance en vous un jour ou qui vous rappelle un bon souvenir, nous avons tous une bonne raison de garder un vêtement sentimental. Pourtant il prend souvent la poussière et est rarement porté alors qu'il pourrait faire le bonheur de quelqu'un. Voici quelques conseils à garder en tête pour réussir à vous détacher de cet objet affectif et faire votre tri en toute objectivité.

- Garder le vêtement ne vous fera pas revivre ce moment passé. Rappelez-vous que les objets ne contiennent pas vos souvenirs. Vous en séparer n'effacera rien de votre mémoire.
- Le corps se modifie avec le temps. Il peut être difficile de se séparer d'un vêtement car il faut accepter que nous avons changé physiquement, parfois psychologiquement. S'en séparer peut être complexe car c'est accepter que l'on ne redeviendra pas la personne qu'on était. Rappelez-vous que vous allez devenir une meilleure version de vous-même et que vous n'avez pas besoin de ce vêtement pour cela ! Si le vêtement n'est pas à votre taille et que vous comptez mincir ou vous muscler, ne le gardez pas « au cas où » : vous trouverez des pièces qui vont conviennent le moment venu.
- Garder l'objet de manière immatérielle. Une astuce consiste à prendre en photo les objets sentimentaux ; vous gagnez de la place mais gardez une trace de ces derniers.
- Une pièce onéreuse n'est pas forcément une pièce de valeur. On a souvent du mal à se séparer d'une pièce onéreuse, or la valeur d'un objet ne dépend pas de son prix mais de l'utilité qu'il a dans votre vie. Si l'objet ne sert jamais, qu'il ne vous apporte aucun confort, pourquoi le garder au lieu de le vendre ?

Et si vous voulez toujours garder cette pièce c'est OK, chaque chose en son temps. Vous pouvez aussi éventuellement lui trouver une nouvelle utilité ? Par exemple, si cette robe n'est plus à votre taille mais compte beaucoup pour vous, peut-être pourriez-vous envisager de la faire reprendre ? Ainsi, j'ai fait couper ma robe de mariée afin d'en faire une robe de soirée.

TEST

Trier son dressing efficacement

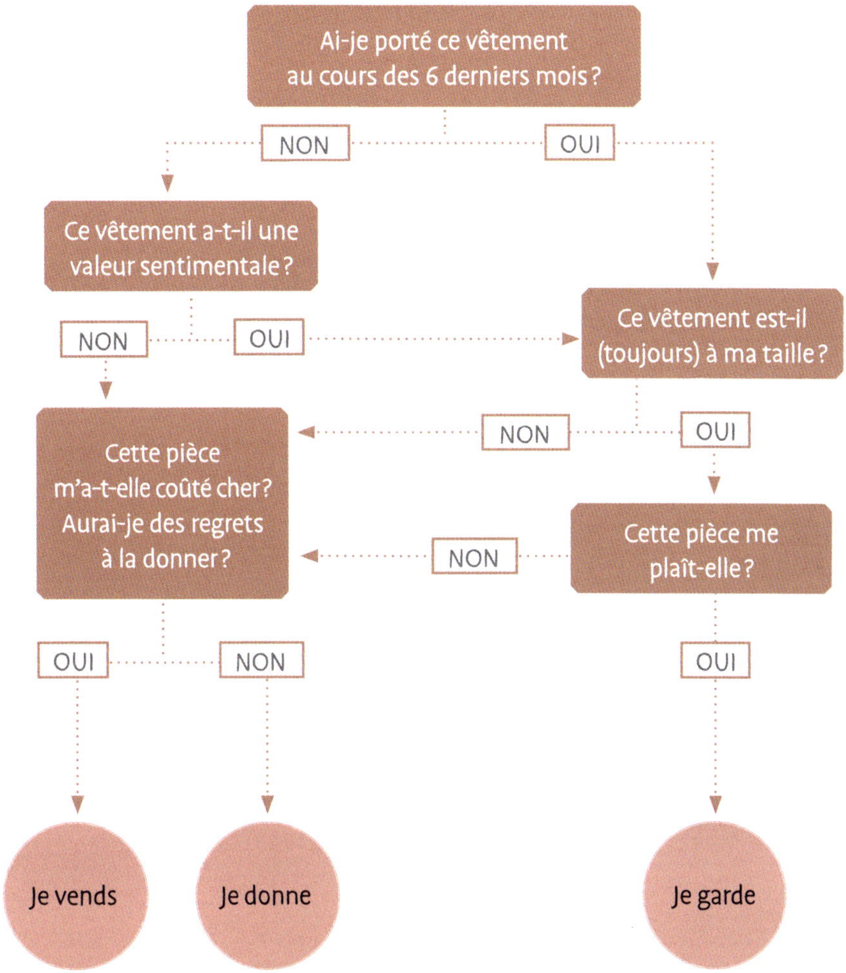

Si parfois il est difficile de se séparer de vêtements sentimentaux, essayez de réaliser ce tri de manière objective, comme si vous étiez votre propre meilleur·e ami·e. Vous ne lui conseilleriez pas de garder un vêtement qui ne lui va plus. Allez de l'avant pour construire une image actuelle positive de vous-même, ne regardez pas en arrière, vers le « vous d'avant », avec envie, visionnez plutôt le/la « futur·e vous » épanoui·e par tous ces changements.

EN PRATIQUE

La garde-robe capsule

Dans ma garde-robe, j'ai noté que certaines pièces basiques permettent de varier facilement les tenues. Je ne saurais que vous recommander de miser sur ces pièces-là après votre tri de dressing, que vous pourrez accessoiriser facilement pour twister votre look ! Avec ces vêtements vous pourrez combiner facilement jusqu'à trente looks.

Un trench
au ton neutre

Une robe fluide dans
des tons classiques

Une veste en jean brut
100 % coton

Une blouse fluide avec
un joli col dans des tons
neutres

Un jean brut
100 % coton

Un pantalon droit ou
carotte en fonction de
sa morphologie, dans
les camaieux foncés
ou clairs en fonction
de sa palette

Un tee-shirt dans les
tons neutres/classiques ;
idéalement la manche
arrive au-dessus du
coude et peut être
retroussée.

Une vraie jupe plissée
midi dans des tons
neutres. Pour la choisir,
n'hésitez pas à tourner,
la jupe doit former une
grande cloche, garantie
d'une coupe en trapèze.

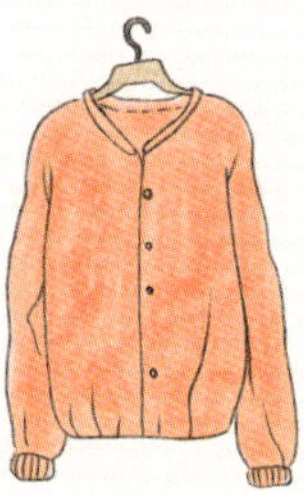

Un pull et/ou un cardigan
aux couleurs de sa palette

Une marinière avec des
manches longues

Miser sur des accessoires
qui font la différence

L'après-tri : bien choisir ses essentiels

Faites l'inventaire de ce que vous possédez déjà et pensez à ce qui vous manque pour construire petit à petit votre dressing idéal. Cela passe bien souvent par une « cure » d'intemporels : je remarque fréquemment que beaucoup ne savent pas quoi porter car leurs pièces s'associent difficilement entre elles. Avoir trop de pièces fortes dans une garde-robe, c'est prendre le risque de ne pas les porter – une « pièce forte » est une pièce qui se démarque par ses imprimés, sa couleur, sa matière, sa forme (épaulettes, asymétrie...).

Ainsi, posez-vous toujours la question de la rentabilité de votre vêtement en mettant en balance son coût avec son amortissement (le nombre de fois où vous l'avez porté). Plus vous porterez une pièce, plus elle sera rentable ! De plus, si la pièce vous facilite le quotidien, qu'elle vous va parfaitement (et pas au « futur vous » ou à une personnalité !), qu'elle apporte une plus-value à votre dressing existant et que vous pouvez la porter avec d'autres vêtements que vous possédez déjà, alors elle y mérite certainement sa place.

L'ASTUCE DE NOISETTE

Lors de votre tri, vous pouvez proposer à vos proches de réaliser des trocs de vêtements ; c'est l'occasion de se réunir tout en faisant une bonne action ! Par ailleurs, si vous avez besoin d'une pièce particulière pour une occasion (mariage, anniversaire, soirée), n'hésitez pas à questionner votre entourage pour un prêt de vêtement ou encore à opter pour la location !

EN PRATIQUE

Le business des complexes

À taille de confection égale, les valeurs des patrons fluctuent d'une marque à une autre ; ce n'est pas vous qui passez du 36 au 44, mais ce sont les fabricants qui pratiquent le « *vanity sizing* », autrement dit qui adaptent les tailles à la saison afin d'augmenter les ventes. En effet, le marketing a remarqué que nous apprécions acheter une taille inférieure. Je vous conseille donc de bien connaître votre morphologie et d'appréhender votre silhouette en 3D pour justement ne plus regarder uniquement les tailles mais surtout les formes de vêtement, les patrons et les coupes qui vous vont. Prenez l'habitude de regarder votre silhouette dans son ensemble et de ne pas vous focaliser sur une zone. Je suis certaine que bientôt vous ne verrez même plus les chiffres, et tant mieux !

La palette de couleurs

Parce que tout ne se joue pas en termes de textile dans le dressing, déterminer votre palette de couleurs est un premier pas vers la mise en valeur de votre carnation et vers les associations réussies dans votre dressing. En colorimétrie, on distingue deux familles principales (froide et chaude) qui vont être surtout déterminées par notre carnation (notre teint, nos cheveux, notre peau, nos yeux). Connaître sa famille de couleurs est un repère astucieux pour éviter le gâchis et les achats inutiles (cette fameuse pièce que vous avez triée précédemment et qui vous a fait dire : « Je ne sais même pas pourquoi j'ai acheté ça »).
Par ailleurs, dans le but de préserver votre garde-robe capsule polyvalente, je vous conseillerai toujours de ne pas marier plus de trois couleurs et de réaliser plutôt un camaïeu (dégradé de couleurs de la même famille).

- Les camaïeux foncés : par exemple une pièce kaki avec une pièce marron et une pièce gris anthracite.

- Les camaïeux clairs : par exemple un bleu pastel, un gris clair et un rose nude.

- Le camaïeu de tonalités : par exemple une base nude avec une pièce camel et une autre rouille.

- Les camaïeux complémentaires : par exemple le rouge, le nude et le marine ou le kaki, le nude et le corail.

Pour rappel, le noir et le blanc ne sont pas considérés comme des couleurs, vous pouvez donc les associer sans trop vous poser de questions.

Il existe aussi des couleurs commes les neutres et les classiques, qui constituent une excellente base afin de réaliser sa palette. Comme le noir et le blanc, elles sont polyvalentes dans votre dressing.

- Les neutres

- Les classiques

TEST

Quelle palette est faite pour moi ?

Mes cheveux sont...

a. Châtain foncé, brun foncé, noirs, bruns avec des reflets rouges ou bleutés
b. Clairs, blonds, châtain clair avec reflets cendrés
c. Clairs, blonds, châtain clair avec reflets dorés, cuivrés ou roux
d. Foncés, roux, marron chocolat, bruns avec des reflets cuivrés ou roux

Mes yeux sont...

a. Bleu foncé, gris, verts, vert gris, noisette, marron glacé ou noirs
b. Bleu ciel, bleu gris, noisette, marron glacé
c. Bleu cyan, vert clair, noisette doré
d. Bleu foncé tirant sur le bleu marine, vert kaki, marron avec des reflets dorés

Mon teint est...

a. Pâle ou très mat, peau noire froide
b. Très pâle (voire blanc) et rosé
c. Pâle et doré, caramel, je bronze facilement
d. Doré avec des taches de rousseur à mat

Ma saison préférée est...

a. L'hiver
b. L'été
c. Le printemps
d. L'automne

TEST

Le résultat : quelle palette est faite pour moi ?

J'ai plus de... A : palette froide d'ambiance hivernale

Les couleurs qui vous conviennent le mieux sont dans cette palette de nuances. Les tons vifs et froids vous vont particulièrement bien au teint. Ce qui veut dire que, près de votre visage, ils vous mettront en valeur. Chaque couleur existe dans un ton chaud ou froid. Pour savoir si un rouge est chaud ou froid, observez sa nuance : s'il tire vers le bleu, c'est un rouge froid, s'il tire vers le jaune, un rouge chaud ! Faites de même pour toutes les couleurs.

J'ai plus de... B : palette froide d'ambiance estivale

Les couleurs qui vous conviennent le mieux sont dans cette palette de nuances. Les tons sourds, pastel et froids vous vont particulièrement bien. Les couleurs froides ne sont pas forcément moins lumineuses, elles apportent même un sérieux coup de frais naturel à votre carnation. Les tons pastel sont des couleurs froides avec une nuance de blanc. Retenez qu'il vous faut des couleurs douces.

J'ai plus de... C : palette d'ambiance printanière

Les couleurs qui vous conviennent le mieux sont dans cette palette de nuances. Les tons vifs et chauds vous vont particulièrement bien. Testez l'impact de la tonalité chaude sur votre visage devant un miroir, vous verrez que les tons dorés vous vont mieux que les tons argentés.
Si une couleur ne vous va pas, c'est certainement qu'elle est froide, trop foncée ou au contraire trop claire pour votre carnation ; vous, il vous faut des couleurs vitaminées.

J'ai plus de... D : palette d'ambiance automnale

Les couleurs qui vous conviennent le mieux sont dans cette palette de nuances. Les couleurs chaudes et sobres vous siéent le mieux. Je vous conseille de visualiser une forêt automnale pour choisir vos couleurs.

La seconde main et le vintage

Le terme anglais *vintage* est dérivé de *vint(ner)*, qui vient lui-même de l'ancien français *vinetier*, qui signifie « vigneron ». Cela nous vient donc de l'œnologie, et servait à décrire un vin millésimé, une cuvée particulière pour sa qualité. Comme pour le vin, la mode vintage consiste à chercher dans le passé les plus belles coupes, les plus beaux modèles et matières. Le mot « vintage » est souvent employé à tort, ce qui peut expliquer – je crois – cette peur de la ringardise. Pourtant, lorsqu'on se dirige vers une pièce ancienne, elle n'est « vintage » que si elle est de qualité, c'est-à-dire bien coupée et dans un joli tissu.

EN PRATIQUE

Les pièces vintage intemporelles

Il faudra toujours regarder les étiquettes pour vérifier la composition du vêtement et sa provenance, et ainsi éviter une arnaque de « faux vintage ». Les prix indiqués correspondent aux prix convenables pour une pièce vintage, ils sont là à titre indicatif pour vous permettre de faire de bonnes affaires.

Le Levis® 501 est le jean taille haute par excellence, il est unisexe et extrêmement flatteur. Ou, encore plus rare, un 901 (qui a une coupe taille haute *mom*). Vérifiez l'étiquette, il doit être 100 % coton et provenir des États-Unis pour être vintage. Comme les modèles taillent petit, pensez à ajouter 1 à 2 tailles à votre taille habituelle. Prix maximum : 50 €

Un long trench-coat beige ou kaki 100 % coton. La marque de référence qui est à l'origine de la coupe déposée est Burberry®. Prix maximum : 150 €

Une veste en jean *oversize* 100 % coton. Prix maximum : 20 €

Une jupe midi plissée, pour être correcte, doit avoir été montée non seulement en éventail mais aussi avec une coupe de tissu asymétrique pour un joli tombé évasé. Prix maximum : 20 €

Des accessoires : chapeaux et foulards sont très simples à trouver de seconde main pour quelques euros. Prix maximum : 10 €

L'ASTUCE DE NOISETTE

S'il est possible d'acheter grâce à la seconde main, n'oublions pas qu'il est aussi possible de vendre, troquer et donner. Ne laissez donc pas des vêtements inutilisés dans vos dressings quand ils peuvent servir à d'autres.

Comment se constituer un look vintage ?

S'habiller vintage, c'est affirmer son style, c'est prendre le risque de ne pas être dans la dernière tendance, mais c'est surtout pour moi un moyen d'affirmer sa personnalité et son identité. En effet, il n'existe pas deux looks vintage identiques, précisément parce que le « vintage » n'est pas cantonné à une période unique mais représente tout ce qui est qualitatif du passé. Autrement dit, on peut s'habiller vintage avec des pièces autant des années 1990 à la *Friends* que des années 1970-1980 à la *Grease*, ou encore des années 1950-1960 à la Audrey Hepburn. Pourquoi ne pas mixer joyeusement tout ça ? Dans cette partie, nous allons essayer de nous familiariser avec la mode vintage pour nous approprier un style unique et personnel.

Où trouver des vêtements vintage ?

Vraiment partout ! Et je dirais même que vous allez en trouver de plus en plus à force de vous y intéresser.

- Les friperies : bien sûr, il y a la petite friperie d'antan, où les vêtements sont en vrac et où il faut fouiner pour dénicher des pépites qui sont souvent à quelques euros. Toutefois, le nouvel engouement pour la mode vintage a entraîné une hausse des prix sur certaines pièces et le développement de « nouvelles friperies » qui sont, à mon sens, davantage des *concept stores* tendance pratiquant des prix trop élevés.
- Emmaüs et les associations : acheter un vêtement auprès d'une association ou chez Emmaüs participe à l'économie locale sociale et solidaire, c'est un geste d'autant plus significatif !
- Les vide-dressings, vide-greniers et brocantes : il s'agit de mes lieux de recherche de prédilection car ce sont les endroits où l'on fait les meilleures affaires et, de surcroît, cela participe à créer une économie circulaire des vêtements et ainsi à éviter le gaspillage.
- Sites de seconde main entre particuliers : nous pensons évidemment aux applications Vinted et Vestiaire collective, qui sont des dépôts-ventes en ligne entre particuliers, mais aussi à Leboncoin et à eBay.
- En voyage : j'adore chercher des pièces vintage quand je suis en voyage, aussi bien en France qu'à l'étranger ; c'est un joli souvenir à rapporter et on y trouve souvent des pièces exceptionnelles et originales. J'ai par exemple trouvé à Milan une jupe plissée de luxe des années 1960 pour une quinzaine d'euros, ou encore un trench-coat britannique à Notting Hill.

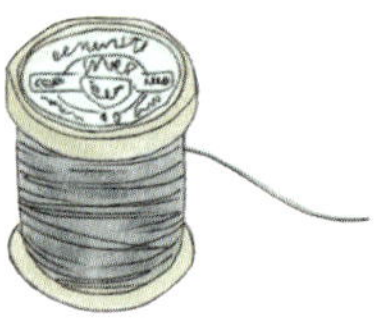

EN PRATIQUE

Apprendre à dater une pièce vintage

Pour dater une pièce, nous allons nous concentrer sur ces trois indices : la coupe, la matière et les motifs !

- Les années 1920 : le style Joséphine Baker, qu'il faut retenir avec une garde-robe qui vise le pratique. On repère notamment que les tailles sont basses, les franges superposées et les jupes fluides avec une matière de foulard. C'est l'époque d'un fort courant féministe en France qui vante le court autant pour les vêtements que les cheveux.

- Les années 1950 : la mode est largement influencée par le glamour avec les pin-up vedettes : Hepburn, Bardot, Monroe ! C'est, d'autre part, le come-back des imprimés, qui sont de toutes sortes : dessins fantaisie, géométriques et même parfois le tout mélangé en même temps. On retrouve aussi évidemment les jupes crayon et les jupes évasées, portées avec des ceintures.

- Les années 1960 : en termes vestimentaires, cette période n'est pas descriptible à proprement parler, car elle reprend tous les codes précédents. On continue sur la lancée avec foison de motifs et de couleurs. La seule spécificité de ces années est l'exagération des épaulettes.

- Les années 1970 : pendant ces années, on voit se développer doucement différents courants tels que le punk, le « glam rock » mais aussi le style urbain et bohème, sans qu'il y en ait un qui se démarque des autres. Le style devient progressivement une façon d'affirmer sa personnalité.

- Les années 1980 et 1990 : contrairement aux décennies précédentes, c'est la musique qui lance les tendances. Ainsi, Madonna va lancer une mode tutu et veste en cuir ! D'autre part, la mode porte des revendications sociales à cette époque. Ainsi, c'est le grand boom des sweat-shirts estampillés de logos de marques pour affirmer son statut et sa classe sociale.

S'organiser un espace détente

La chambre doit être un espace de détente, pour autant tout ne se passe pas toujours ainsi : vie effrénée, stress quotidien, fatigue... Essayons de traiter ces maux du quotidien pour rendre à ce lieu toute son énergie paisible.

Un sommeil de qualité

Pendant notre temps de repos, notre organisme met en place d'importants processus biologiques qui lui permettent de se réparer. Par exemple, il ajuste nos hormones et il développe nos défenses immunitaires. Ainsi, un sommeil de qualité est essentiel à une hygiène de vie saine ; dormir suffisamment, c'est participer activement à la récupération de notre physique comme de notre mental. En se ménageant cette pause capitale, c'est sa propre longévité que l'on entretient. Les chercheurs du sommeil déplorent aujourd'hui, notamment à cause des écrans, que le temps de sommeil se réduise. Prenons donc en compte ces alertes scientifiques pour adopter des petits changements sains dans notre quotidien – pour commencer, assurez-vous de dormir chaque nuit au moins 7 heures 30[1].

L'ASTUCE DE NOISETTE

Si votre enfant a du mal à dormir, pensez à la vanille ! Une étude du CNRS a montré que la vanilline possède une structure très proche d'un des composants dominants du lait maternel et constituerait un véritable prolongement de la mère. Ainsi, elle permettrait d'améliorer le bien-être, le sommeil et le développement de l'enfant ! Placez 5 à 7 gouttes d'huile essentielle de vanille bio sur l'oreiller ou un doudou (cette huile essentielle est adaptée à un usage culinaire, elle ne présente donc aucun risque en cas d'ingestion).

La chambre : zone zéro wifi !

Aucun écran dans la chambre à coucher, c'est difficile ? Évidemment au début cela demandera de se désaccoutumer de certains travers, toutefois vous y gagnerez en sérénité. Vous verrez que, progressivement, vous trouverez de nouvelles occupations plus *slow*, qui vous apporteront une sérénité essentielle pour rejoindre les bras de Morphée.

1. Durée moyenne communiquée par les instances de santé.

Le bonheur dans les habitudes

Les habitudes et les rituels sont très utiles à tout âge pour vivre plus sereinement. En effet, notre cerveau, en tant que général en chef de notre corps, est constamment en ébullition. Dès lors, s'il n'a pas à prendre en charge de décisions spéciales grâce aux rituels, il se ménage. Je vous conseillerai donc, même si cela peut vous paraître un peu artificiel au début, de mettre en place quelques habitudes bienveillantes dans votre quotidien, notamment dans une routine du matin et du soir, car commencer et clôturer la journée sereinement sont de bons moyens de gagner en positivité.

EN PRATIQUE

Mes routines *slow* et bienveillantes

J'ai mis en place ces rituels pendant ma première retraite bouddhique. De nature assez nerveuse, j'ai depuis énormément gagné en sérénité. Les rituels n'ont pas besoin d'être compliqués, ils doivent vous ressembler et vous apaiser.

Ma routine *slow* du matin

- Je commence toujours ma journée par un moment plus lent, pour laisser le temps nécessaire à mon corps pour démarrer, et j'attends d'être complètement éveillée avant d'utiliser un écran. J'aère ma chambre et je lis pendant 10 minutes sous ma couette.
- Je répète cinq fois une affirmation, une phrase positive contenant un compliment sur moi-même et qui pose une intention pour la journée, par exemple : « Aujourd'hui est une magnifique journée, je suis heureuse et je réussis ce que j'entreprends. »
- Je fais mon café et, le temps qu'il coule, je réalise ma méditation guidée.
- Je fais une séance de sport, d'étirement ou de yoga (en fonction de la journée) de 15 à 30 min.
- Je prends le temps de cuisiner le petit déjeuner (pancakes, porridge, granola, brunch...) en fonction des jours. C'est seulement à ce moment-là que je rallume mon téléphone.

Ma routine *slow* du soir

- Je termine toujours ma journée sans écran 1 heure avant le sommeil. Je m'astreins à adapter l'heure de mon coucher de sorte à avoir au moins 7 heures de sommeil.
- Je diffuse de l'huile essentielle de néroli ou de lavande fine et j'aère ma chambre pendant 10 minutes (une température plus fraîche favorise le sommeil).
- Je prépare mes vêtements pour le lendemain.
- Je bois une tisane à la passiflore en me remémorant des moments positifs de la journée. Si j'en ressens le besoin, je les note dans un journal.
- Je me mets dans mon lit et je lis pendant au moins 30 minutes.
- Je fais quelques étirements, m'allonge sur un tapis d'acupression, fais quelques massages si mon corps le réclame.
- Je m'endors avec une séance de sophrologie, de cohérence cardiaque ou d'hypnose du sommeil.

Gérer le stress au quotidien

Le stress, qui s'est imposé comme un phénomène presque normal dans notre société, se manifeste chaque jour dans la vie de millions d'entre nous ; il touche désormais des enfants de plus en plus jeunes. Hans Selye, docteur montréalais d'origine hongroise, a été le premier à mettre en corrélation le stress et la santé ; c'est d'ailleurs à lui que nous devons ce mot, de même que la compréhension clinique de cet état. Il a démontré l'existence de trois phases de stress, chacune avec ses symptômes, ses points d'alerte et des solutions spécifiques (voir page suivante).

Par ailleurs, les études scientifiques contemporaines[1] confirment que nous ne sommes pas tous égaux face aux stress de la vie, simplement parce que nous n'avons pas tous la même appréciation cognitive des événements. Face à une situation potentiellement stressante, nous examinons d'abord l'enjeu que représente la situation (est-ce une perte ? une menace ? un défi ?). C'est ce que l'on appelle le stress perçu. Puis nous évaluons les ressources à notre disposition pour y faire face (ai-je l'expérience suffisante pour gérer cette situation ? suis-je assez formé ? puis-je faire appel à quelqu'un ? puis-je obtenir plus de soutien ?). C'est ce que l'on appelle le contrôle perçu. Ainsi, en fonction de cette autoévaluation de la situation, nous allons réagir en utilisant une stratégie d'adaptation.

- Évitement (fuir la situation) : demande de changement de poste, arrêt maladie...
- Réactions émotionnelles : colère, crise de larmes, agressivité...
- Recherche de solutions : sollicitation des collègues, recherche d'informations...

C'est pourquoi je dis tout le temps autour de moi que « la comparaison est un poison ». Ne vous jugez pas en fonction des réactions d'autrui, vous n'êtes pas comme votre mère, votre sœur ou votre collègue. Vous êtes unique et votre réaction dépend uniquement de vous et de votre histoire. De la même manière, il convient de faire toujours preuve d'empathie et de bienveillance lorsque vous communiquez et échangez avec les autres, vous ne connaissez probablement pas leur histoire. Je vous recommande de vous intéresser à la communication non violente (CNV), notamment à l'ouvrage *Les mots sont des fenêtres (ou bien ce sont des murs)* de Marshall B. Rosenberg[2], qui vous permettra de communiquer sereinement mais aussi de poser vos limites avec justesse et empathie.

---

1. Si le sujet vous passionne, vous pouvez consulter les ressources du Centre d'études sur le stress humain (CESH) sur www.stresshumain.ca. Vous y trouverez des études (francophones et anglophones) internationales pour comprendre l'impact du stress.

2. Marshall B. Rosenberg, *Les mots sont des fenêtres (ou bien ce sont des murs)*, Éditions La Découverte, 2016.

EN PRATIQUE

Comprendre les phases du stress

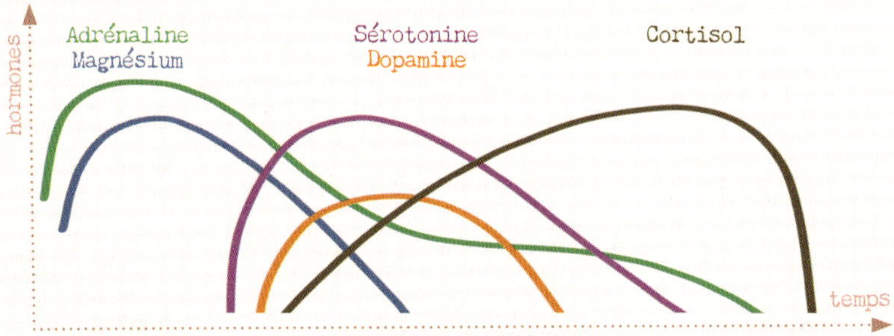

1 La phase d'alarme

De 5 à 10 minutes.

C'est un stress court. Notre attention est vive en raison du pic d'adrénaline. Ce stress est positif si l'on récupère après avec des pensées positives et une bonne respiration.

Exemples de causes

Joie, désirs, projets, surprise, anxiété, confusion

Conseils

Si votre activité professionnelle ou votre vie privée vous amène régulièrement à vivre ces phases d'alarme, pourquoi ne pas en profiter pour adopter des rituels, comme nous l'avons vu page 110 ?

2 La phase de résistance

À partir de 6 mois et jusqu'à 5 ans.

Les stress répétés deviennent chroniques. Le corps compense en adaptant les libérations d'hormones telles que le cortisol ou la sérotonine, ce qui s'associe fréquemment à l'apparition de rhumatismes et/ou diverses maladies, même chez des individus sans antécédents spécifiques.

Exemples de causes

Cadre de travail stressant, déséquilibre familial, surmenage, sensation de pressions sociales

Conseils

Vous avez besoin d'une pause d'au moins 2 à 3 mois loin de votre source de stress. Ce recul est nécessaire pour offrir au corps un temps de récupération salvateur. Par la suite, il faudra impérativement organiser votre quotidien pour y intégrer plus de pauses et de sérénité pour vous.

3 La phase d'épuisement

Depuis au moins 4 ans ou encore après un événement traumatique.

Il s'agit d'un stress profond, l'organisme est dépassé, la soupape de sécurité explose et des troubles chroniques importants peuvent apparaître. À long terme, les taux excessifs d'adrénaline et de cortisol entraînent des symptômes plus importants.

Exemples de causes

Harcèlement, dépression, burn-out, traumatisme

Conseils

Vous avez besoin d'être aidé et soutenu dans cette période. Il est important de vous ménager, la priorité, c'est vous ! Une thérapie cognitive et l'hypnose peuvent vous apporter une grande aide.

TEST

Quel est mon niveau de bien-être ?

Parmi toutes les informations, sélectionnez celles qui vous semblent les plus justes, celles qui vous correspondent le mieux. Essayez de répondre le plus spontanément possible.

Détecter mon niveau de stress	**Oui**	**Parfois**	**Non**
J'ai des palpitations.	A	B	C
Je suis anxieux·se, angoissé·e et parfois déprimé·e.	A	B	C
Je manque d'appétit sauf lorsque je suis en vacances.	A	B	C
Je suis souvent enrhumé·e.	A	B	C
Mon sommeil est agité (insomnie, hypersomnie, réveils fréquents).	A	B	C
Je me réveille le matin le corps lourd et endolori.	A	B	C
Je fais passer les autres avant moi-même.	A	B	C
Mes épaules sont souvent relevées, en tension.	A	B	C
J'ai les trapèzes (muscles des épaules) tendus.	A	B	C
Je m'inquiète pour tout, pour rien et j'ai du mal à me défaire de cette habitude.	A	B	C
J'ai souvent des idées négatives sur moi-même.	A	B	C
J'ai tendance à fuir ce qui est bon pour moi.	A	B	C
J'accumule jusqu'à déborder, à en pleurer de fatigue.	A	B	C
Lorsque je suis épuisé·e, je me force à tenir le coup.	A	B	C

TEST

Le résultat de mon niveau de bien-être

J'ai plus de... A

Votre niveau de bien-être arrive à un état critique, vous atteignez progressivement le minimum vital dont ont besoin votre corps pour vous soutenir et votre mental pour générer des pensées positives. Vous êtes sûrement acharné du travail et perfectionniste, mais n'avez-vous pas tendance à vous oublier dans tout cela ? Appuyez sur « pause » quelques jours, il n'est pas sain pour vous de continuer ainsi. Culpabilité ? Éducation trop sévère ? Addiction à la souffrance ? À vous de détecter ce qui vous empêche de prendre soin de vous. Imaginez donc l'explosion de votre potentiel bien-être si vous y consacrez la même force et la même énergie que celles qui alimentent votre hyperactivité !

J'ai plus de... B

Bien que vous vous connaissiez, que vous sachiez identifier les choses qui vous font du bien, vous ne prenez pas assez de temps pour vous y consacrer, sauf lorsque vous avez l'impression d'atteindre votre limite. Un conseil : n'attendez plus le dernier moment, prenez davantage soin de vous. Pourquoi ne pas mettre en place quelques rituels bienveillants ?

J'ai plus de... C

C'est impressionnant de croiser quelqu'un d'aussi équilibré aujourd'hui en matière de bien-être ! Vous avez raison, le bien-être et le respect de soi sont essentiels, vous savez vous ménager dès les premiers signes de fatigue et vous accorder quotidiennement un temps de recharge en énergie. Je n'ai qu'un conseil : restez ainsi le plus longtemps possible !

Je mesure mes progrès

dans la chambre

	jour 1	à 6 mois	au bout de 1 an
Je fais le tri dans mon dressing en donnant, en vendant et en recyclant mes vêtements.	○	○	○
J'achète mes vêtements de seconde main et vintage dès que je le peux.	○	○	○
J'ai défini ma palette de couleurs et les essentiels de mon dressing minimaliste.	○	○	○
En neuf, je privilégie les matières naturelles et labellisées.	○	○	○
En neuf, j'opte pour des marques éthiques, locales et transparentes.	○	○	○
Pour les occasions spéciales, je loue ou j'emprunte des vêtements.	○	○	○
Je comprends les étiquettes et privilégie la qualité à la quantité.	○	○	○
Les objets dans ma chambre sont utiles et ont chacun une place dédiée.	○	○	○
J'ai banni les écrans de la chambre à coucher.	○	○	○
J'ai mis en place des routines, des rituels et des habitudes saines pour moi.	○	○	○
Je suis plus conscient·e de mon stress et de mes émotions et j'apprends à les gérer sereinement.	○	○	○

la salle de bains

D'un point de vue ancestral, le point d'eau est l'espace où l'on purifie le corps avant de commencer ou pour terminer la journée. Néanmoins, cet espace est devenu, au cours des décennies, un endroit qui déborde de produits chimiques et de substances nocives, jusqu'à perdre (à mon sens) son but premier : nous débarrasser des impuretés et nous permettre de retrouver la sérénité grâce à un élément qui nous est essentiel : l'eau. Ainsi, notre objectif sera d'avoir une salle de bains la plus saine et la plus pure possible, en adoptant des petits gestes simples à mettre en place.

Des soins respectueux

En toute logique, notre rapport au corps et à la propreté a beaucoup évolué à travers les siècles. Toutefois, pour des raisons marketing et sous couvert d'hygiène, de nouvelles substances chimiques, loin d'être essentielles, ont été ajoutées à nos soins du quotidien, tels que des parfums, des colorants... L'industrie cosmétique nous a habitués à utiliser et à accumuler des produits aux compositions difficiles à décrypter, conditionnés dans des contenants jetables. Est-ce normal qu'un savon pour le corps contienne plus de vingt ingrédients, alors que le procédé même de saponification se réalise avec, en tout et pour tout, deux produits (une base et un corps gras) ? Heureusement, « grâce à » des scandales répétés, de plus en plus de consommateurs cherchent à adopter une salle de bains *slow*, plus naturelle, avec des produits à la composition minimaliste.

Les cosmétiques et leur impact

L'impact des cosmétiques n'est pas neutre. Chaque mois, flacons jetables et autres soins produisent des millions de déchets. Les substances nocives contenues dans les soins ont un impact direct sur notre santé, sur la pollution des eaux et sur l'environnement, pendant que les tests sur les animaux perdurent pour justifier la mise sur le marché de nouvelles substances aux promesses miraculeuses. Alors, comment faire le tri et adopter des produits sains et durables ?

Les cosmétiques et les tests sur les animaux

Bien souvent, les marques cosmétiques se défendent de pratiquer des tests sur les animaux en arguant que ces derniers sont depuis longtemps interdits en Europe. Elles prennent d'ailleurs régulièrement pour référence le règlement européen entré en vigueur en 2013, interdisant l'expérimentation animale portant sur les produits cosmétiques... Ces expérimentations ont-elles encore lieu ? Malheureusement, la réponse est oui : des tests sur animaux sont encore menés pour garantir l'innocuité de certains produits cosmétiques[1].

---

1. https://www.petafrance.com/actualites/malgre-linterdiction-des-produits-cosmetiques-sont-toujours-testes-sur-les-animaux-au-sein-de-lunion-europeenne/

L'ASTUCE DE NOISETTE

Pour vous aider à faire vos choix, vous trouverez sur *laptitenoisette.com* la liste de l'ensemble des marques non testées sur les animaux ! Vous pouvez également taper dans votre navigateur le nom de la marque qui vous intéresse et la mention *cruelty free* (« sans cruauté ») pour obtenir des informations sur ses pratiques (mais prenez gare aux arguments marketing !).

En Europe

Le plan REACH répertorie les substances utilisées dans l'industrie et note leur dangerosité. Il utilise pour cela les recherches qui ont été faites par le passé et les conclusions de tests de produits réalisés avant 2004. Mais il arrive aussi que les marques fabriquent de nouvelles substances chimiques, qui n'ont jamais été testées. Dans ce cas-là, l'agence européenne ECHA (qui est à l'origine du plan REACH) demande donc aux marques de justifier que ces substances ne soient pas (trop) nocives pour notre santé ou l'environnement. Les marques doivent le prouver avec des méthodes substitutives dites *in vitro* (en laboratoire) dès qu'elles le peuvent, ou *in vivo* (au sein du vivant), en effectuant des tests sur les animaux. Par ailleurs, les marques ont l'obligation d'effectuer de nouveaux tests si des substances industrielles potentiellement nocives sont utilisées régulièrement par des professionnels (comme les coiffeurs et les professionnels de l'esthétique). En d'autres termes, énormément de produits sont encore testés de nos jours sur les animaux en Europe, puisque la recherche cosmétique continue et que de nouvelles substances sont régulièrement créées. L'ECHA n'a donc jamais fini de répertorier les substances.

Pour conclure, dans l'Union européenne, les produits finis (tels qu'ils se présentent sous emballage) ne sont plus testés depuis 2004 mais, depuis la mise en place du plan REACH, si des ingrédients sont potentiellement nocifs, ils peuvent être testés sur les animaux. Ainsi les CMR (substances cancérogènes, mutagènes et toxiques pour la reproduction), les PBT (substances persistantes, bioaccumulables – c'est-à-dire que l'organisme les absorbe – et toxiques), les vPvB (substances très persistantes et très bioaccumulables) et certaines substances préoccupantes ayant des effets graves et irréversibles sur l'être humain et l'environnement (telles que les perturbateurs endocriniens) doivent toujours être testés sur les animaux.

Dans le reste du monde

Ailleurs, les tests sur les animaux ne sont pas encadrés de la même façon. Certains pays avant-gardistes (comme la Nouvelle-Zélande et la Norvège) ont investi dans les méthodes substitutives et ont interdit les tests sur les animaux. D'autres pays, comme la Chine, imposent des tests sur les animaux lorsque certains types de produits sont distribués sur leur territoire :

ceux à usage courant ne sont pas testés (comme le savon), alors que les produits à destination des professionnels ou encore ceux visant à transformer l'apparence (produits minceur, antirides) sont toujours testés sur les animaux. Les marques qui distribuent leurs produits dans des boutiques en Chine ne sont donc pas considérées comme *cruelty free* (« sans cruauté »).

L'ASTUCE DE NOISETTE

Pour faire évoluer la législation chinoise, des associations de défense animale chinoises et internationales (comme Cruelty Free International et Human Society International) encouragent à boycotter les marques qui distribuent dans le pays des produits qui sont connus et répertoriés comme inoffensifs dans d'autres pays. Par le passé, cela a permis un assouplissement de la législation chinoise : les produits vendus en ligne ne sont plus concernés par ces tests ; certains soins *cruelty free* sont accessibles pour les Chinois soucieux de ces questions.

Pourquoi choisir des cosmétiques non testés sur les animaux ?

Pour toutes les raisons précédemment évoquées, je vous conseille sincèrement de boycotter les marques qui effectuent encore des tests sur les animaux. Cela permet de ne pas encourager la torture animale, bien évidemment, mais aussi de préserver notre santé et l'environnement en envoyant un signal fort en tant que consommateurs : nous ne souhaitons pas avoir de cosmétiques contenant des substances nocives, aussi novatrices soient-elles ! Gardez en tête que l'huile végétale ou un savon de Marseille (véritable) ne sont pas testés sur les animaux parce qu'il s'agit d'ingrédients simples et sains, dont l'innocuité est avérée, et que si l'on demande aujourd'hui encore de tester certaines substances en Union européenne, c'est parce qu'elles sont toxiques pour nous (elles peuvent entraîner par exemple des mutations de notre ADN) et qu'elles contribuent à la destruction des écosystèmes. Choisir des produits non testés sur les animaux est donc un engagement transversal et indispensable dans notre art de vivre autrement !

EN PRATIQUE

Les labels à retenir

Les labels officiels peuvent être une aide précieuse pour se repérer dans la jungle des cosmétiques. Je vous conseille de retenir ces labels aux positions claires pour éviter les produits testés sur les animaux.

1 Cruelty free / Cruelty free and Vegan

Ces labels PETA sont internationaux, ils garantissent l'absence de tests sur les animaux partout dans le monde. Toutefois ils ne garantissent aucunement que les compositions sont saines et bio ; ils se concentrent uniquement sur l'absence de tests sur les animaux (et sur le caractère vegan des compositions pour le Cruelty Free and Vegan).

2 BDIH, label allemand

Pour porter ce label, les produits ne peuvent pas être testés sur des animaux à l'international et les compositions sont aussi soumises à un cahier des charges. Le BDIH a dressé une liste de 690 ingrédients autorisés parmi les quelque 20 000 communément employés en cosmétique. Il interdit les ingrédients d'origine synthétique, les silicones et la conservation par rayonnement radioactif, et il privilégie les ingrédients végétaux naturels et bio.

3 Cruelty Free International (Leaping Bunny)

Ce label garantit l'absence de tests sur les animaux, y compris sur les marchés étrangers. Des audits de contrôle sont réalisés par des organismes indépendants choisis par la Coalition pour l'information des consommateurs dans les cosmétiques (CICC).

4 Choose Cruelty Free

Ce label garantit l'absence de tests sur les animaux à l'international. L'association militante a lutté efficacement contre la vivisection et a obtenu l'arrêt de tests auprès de certaines grandes marques cosmétiques.

5 One Voice

Ce label garantit l'absence de tests sur les animaux, y compris sur les marchés étrangers (logo tigre avec T). Il prend aussi en compte la non-exploitation des singes pour la récolte des noix de coco (logo tigre avec C). Des audits de contrôle sont effectués régulièrement et il s'agit d'un label français que l'on retrouve facilement. Le logo a beaucoup évolué à travers les années, ce qui fait qu'on voit encore d'anciens logos (bleu et orange).

Attention, les labels vegan (Vegan Society, VeganOK...) se concentrent sur le caractère vegan des compositions mais ne garantissent pas l'absence de tests sur les animaux ni une composition bio. De même, les labels bio ne garantissent pas nécessairement l'absence de tests sur les animaux.

Les compositions naturelles et bio

Plusieurs catastrophes sanitaires dans les années 1970, parmi lesquelles le scandale du talc Morhange à l'origine de la mort de nourrissons, ont conduit à une réelle prise de conscience de la nécessité de réglementer les produits cosmétiques et d'hygiène. C'est dans ce contexte qu'est apparue la liste des ingrédients, appelée « INCI », dont le but est de normer l'écriture des composants (un seul et même langage est employé par tous les fabricants). Elle permet donc une plus grande transparence vis-à-vis du consommateur mais aussi une meilleure identification des ingrédients problématiques.

J'ai conscience que tout le monde n'a pas le temps, l'envie ni les connaissances pour décrypter les étiquettes des soins du quotidien. C'est pourquoi je vous donne les trois conseils suivants :

- le bio : optez toujours pour des cosmétiques biologiques. Même le plus laxiste des labels bio est une garantie de l'absence de beaucoup de substances nocives pour notre santé et l'environnement ;
- le minimalisme : choisissez des cosmétiques avec la liste INCI la plus courte possible ; ainsi, vous décrypterez plus facilement la composition et les actifs. Toujours dans notre démarche *slow*, privilégiez la qualité plutôt que la quantité ;
- la bonne application pour smartphone : n'utilisez pas n'importe quelle application disponible sur votre smartphone qui permet de scanner les cosmétiques pour vous guider dans l'achat de tel ou tel produit, elles ne sont pas toutes fiables ou indépendantes. Je vous recommande INCI Beauty, gratuite et indépendante ; elle vous permettra facilement de scanner les références et d'identifier les composants problématiques en se basant sur des sources scientifiques fiables et traçables ! Vous pouvez aussi, lorsque vous avez un doute, y chercher l'impact d'un ingrédient sur votre santé et l'environnement.

L'ASTUCE DE NOISETTE

Le latin est utilisé pour désigner le nom botanique des plantes et l'anglais pour tout le reste. Les substances dérivées de plantes qui n'ont pas subi de modifications chimiques doivent reprendre le nom botanique des plantes correspondantes. Ainsi, plus l'étiquette est en latin, plus les composants sont d'origine végétale. Par exemple : *Aloe Barbadensis Leaf Extract* signifie « extrait de feuille d'Aloes » ; *Anthemis Nobilis Flower Water* signifie « eau florale de camomille romaine ».

EN PRATIQUE

Les composants problématiques

Les sulfates sont des tensioactifs durs qui permettent l'effet moussant prononcé au contact de l'eau et éliminent tous les corps gras (bons comme moins bons). Ce sont des détergents puissants, présents dans la majorité des produits lavants tels que les shampoings, les après-shampoings, les gels douche, les savons… À titre d'information, ils sont aussi présents dans les produits pour nettoyer les sols d'usines et les moteurs tellement leur puissance est redoutable. Ils sont donc particulièrement déconseillés aux peaux et cuirs chevelus sensibles, car ils sont allergisants et irritants. On les retrouve sous la terminologie « sulfate », tels qu'*Ammonium Lauryl Sulfate, Sodium Lauryl Sulfate, Sodium Laureth Sulfate* (parfois réduits en « SLS »). Rien dans la liste INCI ne permet de vous assurer une origine végétale, seuls des labels de cosmétiques bio garantissent des sulfates végétaux qui sont moins agressifs.

Les silicones proviennent du quartz et sont très répandues dans les shampoings, les masques pour le visage, les crèmes ou encore les fonds de teint. Elles donnent ces textures soyeuses et lisses, en plus de faciliter l'application. Avec les silicones et leur prix attractif, la peau a un aspect lisse et hydraté, le cheveu semble gainé et brillant… Toutefois, elles sont très problématiques : elles bouchent les pores de la peau, dessèchent la peau, étouffent les cheveux en creusant les écailles (ces derniers deviennent de plus en plus fragiles, poreux et fourchus). De plus, elles ne sont pas biodégradables. Dans la liste INCI, elles se terminent le plus souvent par « -cone », « -xane » ou « -conol », comme dans « diméthicone ». Dans le panel des silicones existantes, deux sont aujourd'hui considérées comme des perturbateurs endocriniens : la cyclotetrasiloxane et la cyclopentasiloxane, qui sont parmi les plus utilisées.

Les perturbateurs endocriniens sont des substances chimiques qui viennent perturber le système hormonal, pouvant à la longue favoriser le développement de différents cancers hormono-dépendants comme les cancers du sein, de la prostate, de l'utérus… Ils perturbent le bon développement du fœtus pendant la grossesse et leurs effets se transmettent pendant plusieurs générations.

- BHA et BHT sont utilisés fréquemment dans les cosmétiques contenant des corps gras, pour leur action antioxydante, qui permet de prolonger la durée de vie de nos produits de beauté. On les retrouve dans toutes sortes de produits : les rouges à lèvres, les crèmes hydratantes, les sérums, les mascaras, les masques, les blushs, les poudres, les déodorants et les gels douche.
- Le triclosan serait responsable de cancers du sein, favoriserait la résistance aux antibiotiques, attaquerait le foie et les muscles. Il est même détectable dans le lait maternel en plus d'altérer les spermatozoïdes. Tout ça pour un bénéfice quasi inexistant.
- Les phtalates, que l'on retrouve principalement dans les vernis à ongles et dans les parfums en tant qu'agents fixateurs, permettent au produit de tenir plus longtemps. L'utilisation de phtalates pendant la grossesse perturbe le développement du fœtus, notamment le développement des organes sexuels et du système nerveux. La présence de phtalates en période de grossesse augmente le risque de fausses couches et d'accouchements prématurés. On les retrouve aussi dans les emballages plastiques en PVC et en PET.

Le *greenwashing* dans le marketing cosmétique

Comme dans le domaine du dressing (voir page 89), le *greenwashing* est très présent en cosmétique. Par exemple, en Union européenne, il est interdit d'indiquer « sans » suivi du nom d'un ingrédient sur un packaging, car cette mention a été jugée trompeuse pour le consommateur. Qu'à cela ne tienne, les industriels ont trouvé la parade : ils affichent aujourd'hui « 0 % de... » ou un pourcentage de composants d'origine naturelle. Le naturel n'est pas forcément un gage de fiabilité ; rappelons que le pétrole ou le cyanure sont naturels, ils ne sont pas pour autant bons pour notre santé.

Les cosmétiques solides, le maquillage rechargeable

La salle de bains a beau être l'une des plus petites pièces de la maison, elle est responsable de nombreux déchets quotidiens : entre les flacons de shampoing et de gel douche, les tubes de crème, les cotons démaquillants et le maquillage, la poubelle ne cesse de se remplir ! Pourtant, tous nos gestes d'hygiène peuvent totalement se passer de ce suremballage et de ces mélanges de plastiques difficilement recyclables. Pour cela, il vous suffit de changer quelques habitudes : il vous sera alors plus aisé de limiter les déchets !

Préférez les cosmétiques solides aux produits enflaconnés : un shampoing solide remplace deux à trois flacons de shampoing liquide. En plus d'être plus économiques, les cosmétiques solides sont également plus concentrés en actifs – contrairement aux cosmétiques conventionnels, composés à 80 % d'eau !

Le séchage et la conservation

Les cosmétiques solides fondent avec l'eau. Aussi, pour durer plus longtemps, ils ont besoin de sécher à l'air libre et à température ambiante. Je vous conseille donc d'éviter de les placer dans une boîte fermée, hormis pour les transporter. Vous pouvez poser vos savons sur des porte-savons (avec aération pour que l'eau s'écoule) ou encore dans un petit filet de lavage attaché à un crochet.

Du maquillage moins jetable

L'emballage du mascara ne peut-il pas être réutilisé une fois vide ? Pourquoi racheter sans cesse les mêmes ustensiles ? Conscientes de cette aberration, certaines marques de maquillage zéro déchet et bio ont développé un système permettant de recharger leurs produits. Les produits Zao, par exemple, sont 100 % rechargeables, bio, naturels et vegan ; Zao propose en outre une consigne pour récupérer les recharges vides.

Les indispensables dans la salle de bains

Moins vous accumulerez de produits de beauté différents et plus il vous sera facile de désencombrer cette pièce. Concentrez donc votre énergie sur vos essentiels, ces indispensables beauté dans votre salle de bains. Dressez l'inventaire de vos besoins, en vous posant les questions suivantes : « De quoi ai-je besoin pour me laver ? pour me maquiller ? Quels sont les produits dont je ne peux pas me passer au quotidien ? Y a-t-il des produits que j'utilise de manière exceptionnelle ? »
Pour chacune de ces habitudes, il faudra œuvrer à trouver une alternative plus durable et plus écologique. Dans la salle de bains, cela passe par un certain nombre d'accessoires réutilisables. « Sans déchet » ne veut pas toujours dire « éthique » pour autant : on évite là encore le bambou venu de l'autre bout du monde, qu'on retrouve très souvent pour remplacer le plastique (brosse, brosse à dents...), et on lui préfère des substituts français (bois de hêtre, de chêne ou de noyer, par exemple).

LACK is BLAC
ODIA
BRUME BOTANIQUE
ODIA
ONAGRE

Le *slow switch*

Je remplace...

Les Cotons-Tiges jetables ; les cotons démaquillants jetables... → ... par un Coton-Tige/Oriculi lavable ; par des cotons démaquillants lavables bio, un gant de toilette, des lingettes en tissu lavables.

Le rasoir jetable... → ... par un rasoir de sûreté et ses lames.

La mousse à raser... → ... par un blaireau et un savon artisanal ou maison saponifié à froid et adapté à son type de peau.

La brosse à dents jetable... → ... par un manche de brosse à dents durable avec tête interchangeable recyclable. La marque *slow* Pachamamaï propose des manches de brosses à dents en chêne garantis à vie.

Le dentifrice... → ... par un dentifrice solide au charbon actif, un dentifrice à l'argile verte, un dentifrice en poudre bio ou encore un dentifrice maison.

La bouteille de shampoing ou de gel douche liquide... → ... par un shampoing solide et un savon artisanal ou maison solide saponifié à froid.

La crème de jour, la crème pour le corps ; le gommage exfoliant... → ... par une routine *layering* adaptée (voir page 140) ; par un gommage maison avec 2 c. à soupe d'huile végétale et du marc de café ou du sucre.

Vivre son cycle au naturel

Au quotidien, les menstruations ou la contraception peuvent aussi amener à utiliser des produits nocifs. Je tiens donc à vous présenter quelques alternatives durables pour vivre son cycle au naturel.

Pendant les menstruations, vous pouvez remplacer les serviettes ou tampons jetables par des substituts plus durables et aux compositions plus saines pour votre corps.

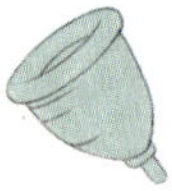

- Coupe menstruelle, ou *cup* : elle s'introduit dans le vagin, où elle sert de réceptacle aux écoulements. Vous en trouverez de différentes tailles et plus ou moins flexibles en pharmacie et en magasin bio. Bien l'introduire et la retirer demande un peu de pratique, aussi je vous conseille, le temps de vous familiariser avec son positionnement, de porter une serviette hygiénique en complément. Vous devez vider votre *cup* régulièrement, comme on change de tampon, pour ne pas risquer le syndrome du choc toxique.

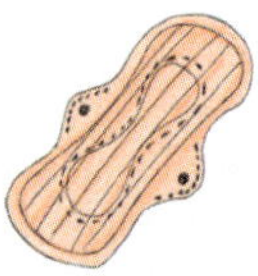

- Serviettes hygiéniques lavables : il en existe de différentes formes et épaisseurs, à choisir en fonction de votre flux. Des tutoriels de couture existent pour les réaliser soi-même ; vous en trouverez aussi dans les magasins bio.

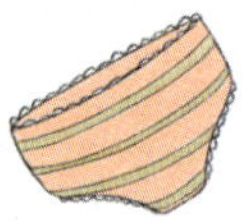

- Culottes menstruelles : à l'instar de vos sous-vêtements classiques, il existe des culottes (de différentes formes et matières) dédiées aux menstruations. Elles sont invisibles et lavables. Elles sont également sans odeur – contrairement aux serviettes hygiéniques – et sans fuite. Je suis une adepte de cette solution, qui m'est plus agréable que la coupe menstruelle au quotidien pour faire du sport.

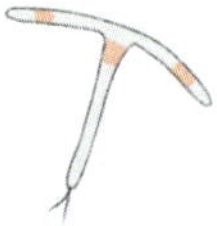

Côté sexualité, choisissez toujours une contraception qui vous convient et non une qui vous est imposée. Vous avez le droit de ne pas vouloir subir d'effets indésirables et de rechercher une contraception naturelle (DIU cuivre, préservatif en latex…). N'hésitez pas à aborder le sujet avec votre médecin traitant. Par ailleurs, votre intimité vous appartient et doit être respectée sans jugement : une liste de praticiens bienveillants (gynécologues, sages-femmes, médecins traitants) et sensibles aux questions de genre et de sexualité est disponible sur la plateforme participative Gyn&Co.

Par ailleurs, si vous êtes sujette à des carences en fer dues à vos menstruations, voici quelques conseils : le fer s'assimile uniquement avec un apport complémentaire en vitamine C. Aussi, lorsque vous mangez un aliment riche en fer, pensez à ajouter un aliment riche en vitamine C.
Attention : le citron et l'orange n'ont de la vitamine C en quantité que dans leur écorce et non dans leur chair ; un jus d'orange pressé n'est donc pas le meilleur apport en vitamine C. La teneur en vitamine C des jus industriels est due à un ajout artificiel de cette vitamine. Pour bénéficier de vitamine C naturelle, tournez-vous vers le cassis ou encore les poivrons de toutes les couleurs !

Pour mieux vivre ses cycles hormonaux et réduire les effets du syndrome prémenstruel (SPM), je vous conseille d'utiliser une bouillotte afin d'apaiser votre paroi utérine, et de faire des cures naturelles. Pour cela, tournez-vous vers :

- les huiles végétales d'onagre et de bourrache, anti-inflammatoires et décongestionnantes, qui agissent directement contre les gonflements et la rétention d'eau. Je vous conseille donc de les intégrer à votre alimentation si vous souffrez de ces maux ;
- l'achillée millefeuille, très utile contre les douleurs car il s'agit d'une plante antispasmodique naturelle qui mime la progestérone. Faites-en la demande sous forme de gélules végétales auprès de votre officine ;
- une alimentation anti-inflammatoire riche en polyphénols (thé, rooïbos, baies rouges et noires – comme les myrtilles et les canneberges –, mais aussi betterave, curcuma et chocolat noir) ;
- une tisane de framboisier sauvage qui va tonifier et équilibrer les cycles (de l'adolescence à la ménopause).

Faire ses soins maison

Les cosmétiques maison ont le vent en poupe, mais j'ai noté que cela a tendance à pousser à la consommation. En effet, du fait de la sensibilité des préparations aux bactéries, le matériel doit être stérile et dédié à cet usage ; ainsi on assiste à une accumulation de moules en plastique, d'ustensiles divers et variés (mini-fouet, seringues en plastique, pipettes...), d'électroménager spécifique (mini-frigo, mixeur à préparation), sans compter les ingrédients qui ne sont utiles qu'une fois et finissent à la poubelle ! Or, si je suis d'accord sur le principe que la fabrication maison permet de contrôler les compositions et est valorisante, je ne suis pas favorable à ce fait-maison-là, qui, à terme, génère trop de déchets. C'est pourquoi j'ai à cœur de partager avec vous des recettes accessibles et tout aussi efficaces, à base d'ingrédients naturels que vous pourrez trouver facilement.

RECETTE

Masque cheveux à la fécule de maïs

Une recette de base de masque hydratant pour cheveux. Elle est facilement personnalisable avec des poudres végétales (voir page 147) ou des ingrédients nutritifs (huile végétale, sirop d'érable, yaourt...).

ingrédients

- 1 c. à soupe de fécule de maïs
- 20 cl d'eau

matériel

- Casserole
- Bocal

étapes

1. Au préalable, stérilisez votre matériel et vos ustensiles (faites-les bouillir dans 1 l d'eau avec 3 c. à soupe d'alcool à 70°).
2. Versez l'eau puis la fécule dans une casserole.
3. Faites chauffer la préparation à feu doux en mélangeant en continu.
4. Au bout de quelques minutes, vous allez obtenir une crème gélifiée facile à appliquer sur vos cheveux. Vous pouvez la transvaser dans un bocal pour plus de praticité.

L'ASTUCE DE NOISETTE

L'amidon est riche en glucides, il apporte de la douceur et de la brillance à tous les types de cheveux ! Sur mes cheveux bouclés, je l'utilise principalement pour éviter que mes boucles frisottent ou « moussent », ça me permet de mieux dessiner mes ondulations.

utilisation

J'applique ce masque tiède sur cheveux propres et essorés après le shampoing. Je laisse poser une trentaine de minutes avant de rincer à l'eau claire.

RECETTE

Gel de lin multi-usage

Le lin est une plante cultivée localement et elle remplace à merveille l'aloe vera, qui bien souvent provient de pays exotiques. Cette recette vous permet de réaliser 100 g de gel de lin.

ingrédients

- 20 g de graines de lin (au choix)
- 30 cl d'eau filtrée
- 8 gouttes de vitamine E (facultatif)

matériel

- Casserole
- Filtre en tissu (sac à lait végétal en tissu par exemple)
- 1 bocal en verre de 30 cl

étapes

1. Au préalable, stérilisez votre matériel et vos ustensiles (faites-les bouillir dans 1 l d'eau avec 3 c. à soupe d'alcool à 70°).
2. À feu doux, faites chauffer les graines de lin et l'eau pendant 10 minutes dans une casserole.
3. Filtrez le mélange afin de ne garder que le gel de lin. Le gel est épais, c'est pourquoi l'utilisation d'un filtre en tissu est plus pratique. Vous pouvez consommer les graines de lin en les ajoutant à une recette de cuisine.
4. Versez le gel dans votre bocal et conservez-le jusqu'à 2 semaines au frigo. Si vous souhaitez le conserver plus longtemps, vous pouvez ajouter 8 gouttes de vitamine E une fois le mélange refroidi.

utilisation

Ce gel permet d'hydrater la peau et les cheveux. Vous pouvez l'ajouter à un masque ou l'utiliser directement tel quel. Comme pour toute recette de cosmétique maison, je vous conseille d'utiliser un pinceau pour l'application plutôt que vos doigts, afin de garantir l'absence de bactéries dans votre bocal.

Ma routine minimaliste

Adopter une routine minimaliste, c'est avant toute chose opter pour des produits sains concentrés en actifs végétaux, choisis avec minutie pour leurs vertus et répondant aux besoins de notre peau et de nos cheveux. Ainsi, vous allez faire votre bilan beauté pour connaître précisément votre type de peau, vos désagréments, l'état de santé de vos cheveux, et déterminer efficacement votre routine beauté naturelle et sur mesure.

Le type et l'état de la peau

Il existe une différence fondamentale entre le type de peau et l'état de la peau, qui fait souvent l'objet de confusion. Pourquoi connaître son type de peau ? Pour choisir des soins adaptés qui vous permettront de vivre en harmonie avec votre peau. Il n'y a pas de mauvaise peau, il n'y a que des soins inadaptés.

Les trois états de la peau

Déshydratée

Contrairement aux idées reçues, une peau déshydratée n'est pas un type de peau, mais bien un état de la peau. Par définition, une peau déshydratée est une peau qui manque d'eau. On peut très bien avoir une peau grasse déshydratée : elle produit trop de sébum mais manque d'eau. Ainsi, pour hydrater votre peau, l'utilisation quotidienne de gel d'aloe vera ou de gel de lin (voir page 131) est idéale. Par ailleurs, votre peau se soigne autant par l'extérieur que par l'intérieur : si elle a tendance à être déshydratée, essayez de boire plus d'eau au quotidien.

Mature

La peau mature est bien un état naturel de la peau qui arrive avec le vieillissement : la peau se relâche et les rides apparaissent. Il faut savoir que c'est une peau plus fragile puisqu'elle s'affine ; elle aura donc besoin de beaucoup d'hydratation et de nutrition. Si vous avez une peau mature, il vous faudra donc opter pour une routine plus riche en actifs concentrés, tels que les prébiotiques (comme les acides de fruits AHA, les algues, les vitamines), qui vont participer à la microflore de la peau (microbiote cutané) et ainsi renforcer la barrière épidermique sur le long terme. On les retrouve le plus souvent dans les sérums.

Acnéique

Il existe une forte confusion entre peau acnéique et peau grasse, or la présence d'acné peut être due à différentes raisons et n'est pas exclusivement liée au type de peau gras. La cause peut être hormonale (à l'adolescence, après une grossesse), génétique ou psychologique.

Les quatre types de peau

Peau normale

La peau normale a un grain de peau lisse et a rarement des imperfections. Les pores sont visibles mais non marqués. Elle est parfaitement équilibrée, produit la quantité de sébum et d'eau dont elle a besoin. C'est une peau facile à entretenir puisqu'elle ne connaît presque jamais d'état problématique.

Peau sèche

La peau sèche a une apparence de peau de bébé, elle est lisse et douce et ne brille jamais. Les pores sont invisibles tellement ils sont resserrés. Cependant, elle est inconfortable, manque de sébum et tiraille beaucoup. Elle peut être terne et rêche au toucher, pèle souvent. Son principal problème est qu'elle n'arrive pas à retenir l'eau, qui a tendance à s'évaporer car son film hydrolipidique (voir page 136) n'est pas assez chargé en sébum.

L'ASTUCE DE NOISETTE

Vous ne savez pas par où commencer ? Pas de panique ! Vous pouvez retrouver sur mon blog des crash tests de produits et de marques, qui vous aideront à faire votre choix en fonction de vos besoins et vos critères.

Peau grasse

La peau grasse a tendance à briller sur tout le visage, même sur les joues. Le grain de peau est rarement lisse. Les pores sont visibles sur l'ensemble du visage et sont particulièrement dilatés sur la zone T (front, nez, menton). Ce type de peau est plus sujet aux points noirs, boutons et autres imperfections. Pour autant elle est plutôt confortable car elle ne tiraille jamais grâce à sa production de sébum importante. Ainsi, si elle trouve son équilibre, elle devient mixte ou normale.

Peau mixte

La peau mixte est une combinaison de peau grasse et de peau normale ou sèche. Elle est grasse seulement sur la zone T, qui peut avoir tendance à briller, mais elle est normale ou sèche au niveau des joues (avec une tendance au tiraillement). Elle a un grain de peau irrégulier et est sujette aux imperfections. Les pores sont visibles surtout sur le front, le nez et le menton.

TEST

Bilan : quel est mon type de peau ?

Mon histoire personnelle avec ma peau est plutôt…

a. Agréable
b. Sensible
c. Normale
d. Douloureuse

Ma peau a un aspect…

a. Lisse et frais
b. Lisse mais terne
c. Gras ou sec, je ne sais jamais comment m'en sortir
d. Pulpeux et gras

Au toucher, ma peau est…

a. Douce
b. Rêche et douce, ça dépend des moments
c. Irrégulière, on perçoit toujours mon grain de peau
d. Grasse

Lors des changements de saison, de température et de routine…

a. Ma peau se régule et s'ajuste après un temps d'adaptation
b. Ma peau ne supporte pas les changements : elle tiraille, pèle et est fragilisée
c. Ma peau est inconfortable au niveau des joues essentiellement
d. Ma peau est toujours confortable

Et les imperfections ?

a. Je n'ai pas d'imperfection
b. J'ai souvent des plaques de sécheresse, des ridules, des rides marquées, des rougeurs, de l'eczéma…
c. J'ai quelques points noirs sur la zone T (front, nez, menton)
d. J'ai des imperfections (points noirs, acné) sur l'ensemble du visage

Mes pores sont…

a. Fins et peu visibles
b. Comme inexistants, naturellement floutés ; j'ai une peau de bébé
c. Surtout visibles et dilatés sur la zone T (front, nez, menton)
d. Dilatés sur l'ensemble de mon visage

Ma peau a un fini…

a. Plutôt naturel et mat
b. Très mat, je n'ai jamais aucune brillance
c. Avec quelques brillances sur la zone T (front, nez, menton)
d. Brillant et *glowy* naturel

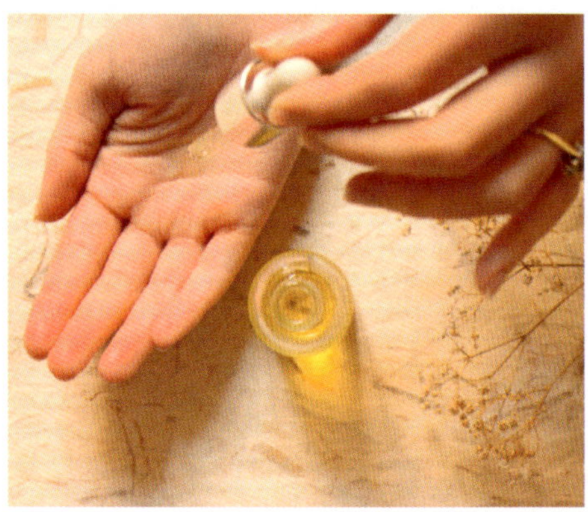

TEST

Le résultat de mon type de peau

J'ai plus de... A : ma peau est normale

Votre peau est normale, elle se régule d'elle-même et c'est une belle chose, continuez à l'entretenir. Vous pouvez adopter une routine *layering* (voir page 140) naturelle pour peau normale.

J'ai plus de... B : ma peau est sèche

Votre peau (et peut-être votre organisme) manque d'eau. Astreignez-vous à boire davantage, utilisez quotidiennement des soins naturels hydratants (gel d'aloe vera, gel de lin et hydrolats) et des huiles végétales riches qui vont encourager votre peau à retenir l'eau. Il est important que vous adaptiez votre routine beauté à la saison car votre peau y est très sensible. Votre peau ne supporte pas les composants problématiques (définis en page 123), veillez à les éviter car ils ne feront qu'aggraver vos désagréments quotidiens (tiraillements, allergies, desquamation, ridules, eczéma...).

J'ai plus de... C : ma peau est mixte

Misez tout sur les huiles végétales ! Elles vont permettre d'équilibrer votre peau et de réussir à concilier ses deux particularités. Attention, ne tombez pas dans l'excès en voulant absolument utiliser des solutions dites « purifiantes », qui risqueraient d'encourager vos déséquilibres et de rendre votre peau tout à fait grasse ou tout à fait sèche !

J'ai plus de... D : ma peau est grasse

Vous avez sûrement l'impression que votre peau est compliquée, pourtant elle est si confortable (aucun tiraillement). Esthétiquement vous avez quelques brillances dues à un excès de sébum : vous pouvez opter pour une routine purifiante naturelle à base d'argile, de masques adaptés et d'hydrolats. Attention toutefois à ne pas succomber aux produits agressifs conventionnels, qui vont vous entraîner dans un cercle vicieux : votre peau va se sentir décapée et va produire aussitôt du sébum pour compenser. Le mieux est de parier sur une routine équilibrante à long terme, et le *layering* (voir page 140) est votre meilleur allié ! Par ailleurs, n'oubliez pas les interconnexions : votre peau réagit énormément aux hormones et celles-ci sont largement influencées par votre alimentation.

Équilibrer son type de peau

L'hydratation

L'eau est vitale, indispensable à notre santé et à celle de notre peau et de nos cheveux. Le premier signe d'une déshydratation est la sensation d'inconfort : légers tiraillements après une sortie par temps froid ou après une douche, rougeurs, desquamations, peau terne, rêche, rugueuse, qui manque de souplesse. Une routine prenant en compte l'hydratation est essentielle pour éviter des conséquences durables : eczéma et rides de déshydratation, prélude aux rides définitives. En effet, une peau déshydratée est fragilisée. La peau est recouverte de ce qu'on appelle un « film hydrolipidique », qui vient du latin *hydro*, soit « eau ». L'eau est donc un composant essentiel de la couche protectrice de la peau. Lorsque celle-ci est déshydratée, elle est plus exposée aux agressions, aux risques d'irritation et au vieillissement prématuré. Enfin, la déshydratation est source d'imperfections : la peau tente de compenser son manque d'eau en activant les glandes sébacées, qui produisent alors du sébum : la peau devient déshydratée et grasse.

EN PRATIQUE

Les hydrolats, précieuses eaux !

Obtenus par la distillation des plantes à la vapeur d'eau lors de la réalisation des huiles essentielles, les hydrolats sont des eaux chargées d'actifs de plantes. Beaucoup moins concentrés que les huiles essentielles, ils sont une alternative très douce adaptée à toutes les peaux et très faciles à utiliser. Ainsi, vous pouvez facilement vous servir des hydrolats pour purifier, apaiser et tonifier votre peau, mais aussi comme une brume parfumée sur vos cheveux et vos vêtements.
Ils sont composés en grande partie d'eau et sont donc parfaits comme lotions hydratantes et toniques pour la peau tout au long de l'année.

Hydrolat de lavande aspic de Provence : il est purifiant, assainit la peau et apaise les démangeaisons. C'est l'hydrolat idéal pour les peaux acnéiques et grasses mais aussi celles sujettes aux problèmes cutanés (eczéma, psoriasis...). La lavande a des effets calmants et anti-stress, et elle éloigne les insectes.

Hydrolat de citron : il a une touche très fruitée et vitaminée. Cet hydrolat favorise un teint frais et lumineux, et permet d'éliminer les points noirs tout en équilibrant les zones grasses et en purifiant les imperfections. Il est particulièrement recommandé aux peaux mixtes ou grasses.

Hydrolat de fleur d'oranger : c'est mon préféré, son odeur envoûtante est extrêmement agréable. Je le trouve olfactivement proche du monoï à la fleur de tiaré. Il est idéal pour les peaux matures et les teints ternes. Il a aussi des propriétés bien-être : il apaise les angoisses, calme et recharge le système nerveux.

La nutrition

Vous retrouverez souvent des huiles minérales (ou huiles de synthèse) dans la composition INCI des cosmétiques industriels. Elles sont créées à partir de pétrole. Ces huiles de synthèse donnent une impression d'hydratation et une sensation de peau lisse, mais ce ne sont que des faux-semblants, car ces dérivés pétrochimiques n'ont aucune propriété véritablement hydratante. Parmi les autres ingrédients problématiques se trouvent les silicones volatiles (de la famille des siloxanes), qui sont des perturbateurs endocriniens. Par ailleurs, la production de ces types d'ingrédients est néfaste pour l'environnement. Pourtant, ils sont largement utilisés par l'industrie cosmétique car ils sont beaucoup moins coûteux que les huiles végétales, tout en apportant une apparente hydratation à la peau. Il existe aussi les huiles estérifiées, certes d'origine naturelle mais n'apportant aucun bénéfice à la peau. Elles servent souvent d'argument marketing, car elles constituent un prétexte pour indiquer « composition naturelle » sur le produit.

Une huile végétale est fabriquée avec les graines, les pépins, les noyaux et les fruits des plantes oléagineuses. Par définition, c'est donc un corps gras, riche en acides gras essentiels à la peau (oméga 3...). Elle restaure le film hydrolipidique, lutte contre la perte en eau et apporte des nutriments essentiels au bon fonctionnement de la peau (vitamines, antioxydants...). Les huiles végétales ont des vertus nourrissantes, hydratantes, protectrices et anti-âge. Elles peuvent chacune être appliquées seules ou en synergie (mélange d'huiles végétales). Il faut s'assurer que les huiles végétales soient vierges (non raffinées), bio et extraites avec une première pression à froid (non chauffée), afin que leurs vertus soient préservées. Personnellement, je vous recommande certaines petites entreprises françaises transparentes sur l'origine et la traçabilité des plantes, comme Oden ou Clémence & Vivien, plutôt que les grands groupes de l'industrie pharma-cosmétique.

EN PRATIQUE

Bien choisir son huile végétale

Tous les types de peau ont une huile végétale adaptée pour les magnifier.
Je vous conseille de créer votre synergie d'huiles végétales en mariant plusieurs huiles afin de concilier votre type de peau et son état.

Huile végétale	Propriétés	Adaptée pour
Amande douce	Très douce, elle est agréable à appliquer et laisse un aspect velours et un toucher douceur à la peau. Assouplissante et fortifiante, elle active la réparation de la peau. Apaisante, elle calme les démangeaisons et les irritations. Elle aide à lutter contre les vergetures.	Les peaux sèches, fragiles, délicates, sensibles et tiraillées.
Argan	Tonifiante et assouplissante, elle redonne élasticité et souplesse à la peau. Elle lutte contre les signes du vieillissement cutané. Extrêmement nourrissante et réparatrice, elle aide à régénérer le film hydrolipidique cutané. Protectrice, elle limite les effets des agressions extérieures (froid, vent...).	Les peaux sèches, matures (et en manque de tonus) et celles à imperfections.
Carotte	Elle apporte un teint « bonne mine », favorise le bronzage et permet à la peau de garder un joli hâle uniforme après une exposition au soleil.	Les peaux ternes, fatiguées et asphyxiées. Elle aide au bronzage.
Chanvre	Anti-âge, régénérante, revitalisante grâce à ses acides gras essentiels, elle pénètre rapidement et ne laisse pas de film gras. Cette huile « sèche » est très appréciée.	Les peaux matures, déshydratées et sèches, qui sont dévitalisées et fatiguées. Effet antirides.

Huile végétale	Propriétés	Adaptée pour
Jojoba	C'est l'huile la plus proche de notre sébum. Régulatrice et assouplissante, cette huile est appréciée car elle pénètre bien la peau sans laisser de film gras. Elle protège la peau de la déshydratation.	Tous les types de peau : elle est extrêmement bien tolérée. Elle convient parfaitement aux peaux normales et mixtes.
Nigelle (cumin noir)	Apaisante, réparatrice et assainissante cutanée. Antioxydante, elle lutte contre les signes du vieillissement cutané. Elle apporte souplesse et douceur à la peau. Elle assouplit et tonifie le cuir chevelu et les cheveux.	Les peaux suivantes : • acnéiques, car elle prévient la formation de boutons ; • sensibles, car elle apaise l'eczéma et les rougeurs ; • sèches ; • matures.
Noisette	Non comédogène, elle équilibre la production de sébum des peaux grasses. Très pénétrante, elle assouplit la peau sans laisser de film gras et permet la bonne pénétration des actifs. Protectrice, elle prévient la déshydratation de la peau. Adoucissante, elle apporte à la peau un toucher soyeux.	Les peaux mixtes, grasses et acnéiques. Elle aide à atténuer les points noirs et les cicatrices (acné et vergetures).
Olive	Huile émolliente et riche, elle nourrit la peau et régule le système naturel d'hydratation de la peau. Calmante, elle apaise les peaux sujettes aux rougeurs et aux irritations. Très douce, elle est parfaitement tolérée par les peaux les plus sensibles.	Les peaux irritées (gerçures…), sensibles, squameuses, réactives, matures et sèches.

À savoir :
L'huile de coco est à éviter car, en plus d'être souvent peu éthique (exploitation des singes), elle est comédogène et favorise l'apparition de points noirs et de boutons.

Le *layering* japonais sur ma peau

Le *layering* est un rituel de beauté japonais du visage qui se compose de six étapes, chacune correspondant à un soin particulier. Ces soins sont à appliquer couche après couche, dans un ordre précis, ce qui a valu à cette technique le surnom de « soin millefeuille ». Je vous recommande particulièrement ce rituel naturel, car le *layering* permet d'apprendre les gestes essentiels pour le soin du visage et apporte à la peau tout ce dont elle a besoin.

Les étapes	Leur rôle	Produits et soins
Le démaquillage	Le démaquillage à l'huile végétale permet d'enlever tout le maquillage (même waterproof) en douceur, sans irriter ou assécher la peau.	• Une huile végétale non comédogène comme l'huile de jojoba • Un démaquillant biphasé maison
Le nettoyage	Le nettoyage au savon permet d'ôter le surplus d'huile laissé par le démaquillage, et d'enlever les dernières impuretés.	• Un savon saponifié à froid adapté au type de peau • Un savon de Marseille neutre • Une éponge konjac
La lotion tonique	La lotion permet d'enlever les résidus de calcaire de l'eau, de tonifier la peau et ainsi de mieux la préparer à recevoir les soins suivants.	• Un hydrolat
Le soin hydratant	Le soin hydratant permet d'apporter l'hydratation (en eau) dont la peau a besoin pour rester souple.	• Du gel d'aloe vera • Du gel de lin (voir page 131)
Le soin nourrissant	Le soin nourrissant permet d'apporter la nutrition dont la peau a besoin. Il sert à équilibrer le type de peau.	• Un sérum concentré en actifs (acide hyaluronique, acide de fruits…)
Le soin des yeux (jour ou nuit)	Le soin des yeux (jour ou nuit) va permettre de traiter les état de la peau, par exemple en venant lisser la peau, atténuer les cernes, prévenir les petites ridules, etc. Cette étape peut être supprimée si vous n'avez pas de besoin spécifique.	• Soin contour des yeux avec un beurre végétal

Prendre soin de ses cheveux

Afin de ne pas multiplier les produits dans la salle de bains, il convient de faire d'abord un bilan de l'état de nos cheveux. Ont-ils besoin d'hydratation ou de nutrition ? Puis nous aborderons les soins végétaux, colorés ou non, qui présentent des vertus intéressantes pour obtenir des cheveux brillants.

Les cheveux poreux

La porosité est la capacité du cheveu à absorber l'hydratation à travers ses écailles. Elle peut être faible, moyenne ou élevée – l'idéal étant d'avoir une porosité moyenne.

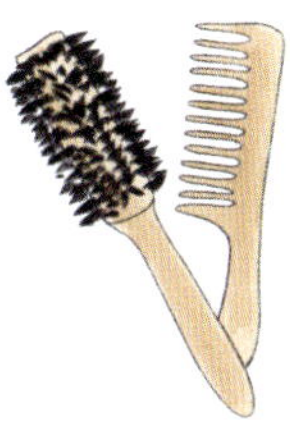

Pourquoi est-il important de connaître la porosité de ses cheveux ?
Connaître la porosité de ses cheveux permet d'ajuster sa routine et d'utiliser des produits adaptés à leurs besoins. Cela permet aussi d'adopter les bons gestes afin que la chevelure naturelle soit en bonne santé et soyeuse.

Comment savoir si son cheveu est peu poreux, poreux ou très poreux ?
Faites le test du verre d'eau. Récupérez quelques cheveux propres et secs, placez de l'eau dans un verre transparent puis posez les cheveux sur l'eau. Attendez quelques minutes puis observez leur trajectoire.

Les cheveux restent en haut du verre : ils ont une faible porosité. Cela signifie que les écailles sont fermées et donc qu'ils manquent d'hydratation, les soins hydratants ont du mal à pénétrer. Pourtant, les cheveux ont un aspect brillant mais ils sont généralement secs. Vous pouvez remarquer qu'ils ont du mal à se mouiller au contact de l'eau.

- Mon conseil : faites une clarification au bicarbonate (voir page 144), comme un gommage pour vos cheveux. Cela va enlever tous les excès qui stagnent et qui bouchent les écailles. Pour que vos soins pénètrent mieux, utilisez une serviette humide chaude pendant le temps de pause, la chaleur va ouvrir vos écailles. Évitez les huiles végétales lourdes (ricin, karité) et privilégiez plutôt l'huile d'amande douce ou de brocoli, ou encore le masque à la fécule (voir page 130).

Les cheveux restent au milieu du verre : ils ont une porosité moyenne. Cela signifie que vos cheveux sont normaux et sains. Ils ont une bonne réaction à l'humidité.

- Mon conseil : continuez d'avoir une routine capillaire régulière et équilibrée, vos cheveux se régulent bien.

Les cheveux restent en bas du verre : ils ont une porosité élevée. Cela signifie que les écailles sont trop ouvertes. Ce sont des cheveux passoires, ils absorbent trop l'hydratation et trop vite, puis la laissent repartir aussi facilement. Les cheveux deviennent rapidement secs, cassants et fragiles. Cela est souvent dû à la pratique de défrisage, ou à l'utilisation d'appareils chauffants (lisseurs, boucleurs), de colorations chimiques, etc.

- Mon conseil : il faut impérativement favoriser les masques aux huiles végétales et les poudres ayurvédiques. Pour rincer votre shampoing, utilisez de l'eau froide et un vinaigre de rinçage ou le jus d'un citron, pour refermer les écailles. Appliquez des soins riches en protéines et naturels.

La coloration végétale

La coloration végétale est une coloration naturelle réalisée à base de poudres de plantes diverses, parmi lesquelles le henné – la plus connue –, auquel on peut ajouter des épices pour intensifier les reflets. Il convient de faire attention aux ingrédients des colorations végétales du commerce, car de nombreux produits colorants chimiques surfent sur le succès des colorations naturelles et utilisent des dénominations trompeuses (*herbal*, *green*, naturel, bio...).

Pour en finir avec les idées reçues !

- Une coloration naturelle ne contient jamais de produits chimiques.
- Une coloration bio n'est pas forcément une coloration naturelle et végétale, il existe des colorations chimiques biologiques.
- Une coloration naturelle végétale n'est pas nécessairement un henné, qui n'est qu'une poudre parmi tant d'autres ! Ainsi, toutes les colorations végétales ne contiennent pas de henné, cela dépendra de la couleur souhaitée.

EN PRATIQUE

Faire une détox capillaire !

Une détox ?

Avec le temps, vos cheveux accumulent beaucoup de polluants (silicones, parfums, ammoniums quaternaires, pollution atmosphérique) qui ont pour conséquence de les alourdir et de les étouffer. Ainsi, ils deviennent poisseux, gras et ternes, leur pousse est ralentie et ils ne réagissent plus aux soins et aux masques que vous appliquez. Dès lors, faire une détox capillaire devient nécessaire, et pour cela rien de plus simple ! Il suffit de se tourner vers la clarification.

L'ASTUCE DE NOISETTE

Si vous utilisez déjà des produits naturels depuis plusieurs années ou que vous avez les cheveux naturellement fins ou secs, je vous conseille de réaliser une clarification plutôt à l'argile, qui sera plus douce. Les proportions restent les mêmes : ajoutez 1 c. à soupe d'argile à votre shampoing. Vous sentirez que vos cheveux « crissent » moins au rinçage.

Quand faire une clarification ?

Je vous conseille de faire une clarification lorsque vous décidez de passer aux produits naturels car cela permet aux cheveux de se débarrasser plus rapidement des ingrédients qui les étouffent et que vous avez probablement utilisés pendant des années (les silicones par exemple). Par ailleurs, la clarification est nécessaire si vous sentez que vos cheveux ont tendance à devenir poisseux, lourds et gras (et ce même après un shampoing). Enfin, de manière plus générale, vous pouvez faire une clarification toutes les 4 à 6 semaines, ou dès que vous sentez que vos cheveux deviennent plus ternes et plus lourds.

Comment faire une clarification ?

Je vous recommande d'utiliser du bicarbonate de soude, qui va nettoyer votre fibre capillaire efficacement si vous faites une clarification pour la première fois. Pour cela, ajoutez 1 c. à soupe de bicarbonate à votre shampoing puis lavez vos cheveux comme à votre habitude. Vous allez certainement noter que vos cheveux paraissent très secs et rêches : pas de panique, le but est bien de les « décaper » ! Cette sensation est due à l'ouverture des écailles de vos cheveux. Vous les refermerez ensuite en laissant poser un soin hydratant 30 minutes sous une serviette chaude. Ce soin hydratant peut être un masque à la fécule de maïs, un bain d'huile ou encore un henné gloss (voir page ci-contre).

RECETTE

Henné gloss : soin brillance non colorant

Le henné neutre est un henné non colorant qui a de nombreux bienfaits : il fortifie (en gainant le cheveu), protège la fibre capillaire (en refermant les écailles), apporte de la douceur et de la brillance aux cheveux. Il convient très bien aux cuirs chevelus les plus sensibles grâce à son effet séborégulateur. Pour toutes ces raisons, cette recette est particulièrement intéressante pour les personnes souhaitant les effets positifs du henné sans passer par la coloration.

ingrédients

- 5 c. à soupe de henné neutre
- 10 cl d'eau tiède
- 3 c. à soupe du masque capillaire de votre choix (sans silicone)
- 1 c. à soupe de gel de lin (facultatif) (voir page 131)

matériel

- Bol
- Cuillère en bois

étapes

1. Mélangez la poudre de henné neutre avec l'eau tiède jusqu'à obtenir une texture semblable à de la pâte à gâteau (lisse et épaisse).
2. Ajoutez le masque capillaire (et le gel de lin) puis mélangez à nouveau jusqu'à obtenir une texture lisse et homogène.

utilisation

Je vous conseille d'appliquer ce soin sur cheveux légèrement humides en l'étirant des racines vers les pointes. Laissez poser 40 minutes en entourant votre tête d'une serviette chaude. Rincez abondamment à l'eau tiède.
Afin de fixer l'effet gloss sur vos cheveux, patientez 2 jours avant de faire un shampoing.

EN PRATIQUE

Pourquoi choisir la coloration végétale ?

On peut être tenté de choisir la coloration végétale pour différentes raisons mais voici celles qui me paraissent les plus justifiées.

Pour des raisons écologiques : le henné et les poudres végétales naturels et biodégradables.

Pour des raisons économiques : la coloration végétale peut se faire seul chez soi et elle est plus abordable que des rendez-vous fréquents chez le coiffeur.

Pour des raisons de santé : pour éviter les produits chimiques des colorations industrielles.

Par facilité : la coloration végétale ne demande pas énormément d'entretien ni de produits spécifiques. Elle ne laisse pas d'effet repousse marqué, en plus de s'atténuer avec les shampoings.

Les avantages	Les inconvénients
• Elle gaine le cheveu et le soigne • Le prix est accessible • Pas d'effet repousse • Favorise la pousse des cheveux • Donne des colorations très naturelles • Ne nécessite pas de soin ou de shampoing particulier • Pas d'obligation de régularité	• Il faut apprendre à les choisir • Il faut faire attention aux compositions • Pas d'éclaircissement de plus d'un ton possible • Pas toutes les couleurs, uniquement les couleurs naturelles • La poudre d'indigo nécessite de se couper les cheveux pour retirer la couleur

Le henné et les poudres colorantes

Vous avez dû l'entendre : « le henné fait les cheveux verts », « le henné rend chauve », « le henné rend orange carotte ». C'est évidemment faux. Nous devons ces idées reçues aux colorations chimiques vendues en grande surface, qui s'appellent « henné » et qui contiennent des sels métalliques (notés « sodium picramate »). Ces produits ont provoqué de nombreuses catastrophes capillaires et ont malheureusement détourné de nombreuses personnes des colorations naturelles. Pourtant le henné est une poudre utilisée depuis des millénaires pour son pouvoir colorant et/ou sa qualité de soin. Personnellement, j'utilise le henné et les poudres végétales pour leurs vertus depuis plus de dix ans maintenant. À travers cette partie, je vais vous présenter les principales poudres végétales et vous guider pour réaliser pas à pas votre bilan capillaire et votre coloration végétale sur mesure (voir pages 152 à 155).

Les différents hennés

Il existe différents hennés, colorants ou non. Il est donc largement possible d'obtenir une couleur sur mesure qui vous correspond.

Le henné neutre est un henné non colorant qu'on utilise comme un masque de soin. Il permettra notamment aux cheveux fins et fragilisés d'être renforcés. Le henné, qu'il soit colorant ou non, gaine extrêmement bien le cheveu et lui apporte beaucoup de brillance ; c'est la raison pour laquelle il est employé depuis des temps ancestraux en Orient. Vous pouvez l'utiliser seul ou combiné à d'autres poudres colorantes (blondes, brunes...).

Le henné d'Égypte, un henné cuivré, est mon henné colorant préféré car il constitue une base extrêmement polyvalente pour obtenir des couleurs variées. Vous pouvez facilement le combiner avec d'autres poudres végétales (blondes, brunes...) pour obtenir votre couleur sur mesure. Je le recommande particulièrement aux cheveux bruns, auxquels il donnera un reflet cuivré (sans aucun reflet roux ou rouge). Combiné à la poudre de brou de noix, il réchauffera parfaitement un marron en créant quelques reflets au soleil. De plus, il s'estompe facilement avec les shampoings.

Le henné Tazarine est un henné roux, le henné flamboyant par définition. Si vous rêvez d'un roux naturel, je vous conseille ce henné. Sur cheveux bruns, il donnera un auburn intense ; sur cheveux blonds, ce sera la transformation capillaire assurée. Pour un henné roux plus rouge, vous pouvez opter pour le henné du Rajasthan – toutefois notez que ce dernier a tendance à foncer le cheveu.

Le henné du Yémen est un henné rouge. Pour obtenir un cheveu naturellement rouge, vous pouvez partir sur ce henné combiné à d'autres poudres en fonction du reflet souhaité (rouge, rose, prune...). C'est un henné qui tient beaucoup sur le cheveu, il est donc plus difficile d'en changer ; de plus il a tendance à foncer le cheveu. Je vous conseille donc de bien attendre que votre couleur précédente soit dégorgée avant de répéter l'opération.

Pour les blonds

- Le rhapontic, magré son nom barbare, ne contient que des racines de rhubarbe réduites en poudre, qui depuis longtemps sont connues pour leurs vertus éclaircissantes. Elles permettent d'obtenir des reflets blonds donnant l'illusion d'avoir passé des vacances au soleil. Cette poudre est idéale pour les cheveux blonds à châtain clair. On peut évidemment ajouter cette plante à différents hennés ou plantes colorantes, afin d'avoir des teintes et des reflets personnalisés. Le rhapontic peut s'utiliser seul, il ne fait pas de reflets cuivrés mais son pouvoir colorant est limité.
- La poudre de cannelle est utilisée en Orient pour texturer les masques capillaires et leur apporter un parfum agréable. Elle est aussi connue pour éclaircir naturellement les cheveux grâce à une enzyme spécifique : une peroxydase naturelle (que l'on retrouve aussi dans le miel), un oxydant naturel permettant de gagner jusqu'à un ton et demi. Je l'utilise dans ma coloration végétale pour ne pas trop foncer ma base naturelle lorsque j'ajoute du henné et du brou de noix. Faites attention cependant, la cannelle est irritante ! Faites un test 24 heures avant dans le pli du coude pour vérifier que vous n'êtes pas allergique.
- La fleur de camomille allemande est réputée dans les pays nordiques pour apporter de l'éclat naturel au blond. Elle n'a pas de pouvoir éclaircissant mais entretient le blond. En hydrolat, elle permet de créer une « eau de rinçage lumière » : il vous suffit de mélanger 2 c. à soupe de jus de citron avec 6 c. à soupe d'hydrolat de camomille allemande.

Pour les bruns

- La poudre de brou de noix est l'enveloppe de la coque de la noix, principalement utilisée en association avec d'autres plantes colorantes dans des masques capillaires pour apporter de beaux reflets marron chocolat à la chevelure. Elle peut s'utiliser seule sans problème sur toutes les couleurs, naturelles ou non. Côté soin, le brou de noix donne de l'élasticité et de la brillance aux cheveux. Cette poudre est un indispensable, je la recommande car elle ne réserve aucune mauvaise surprise et permet d'obtenir un joli marron chocolat (froid comme chaud en fonction du henné choisi en base).
- Le katam est extrait des feuilles d'un buis du Yémen, *Buxus dioïca*. Il est beaucoup utilisé au Moyen-Orient pour couvrir les cheveux blancs et gris.

EN PRATIQUE

Comment choisir les colorations végétales ?

Oui, c'est bon !

- Achetez le henné en magasin bio (en vérifiant l'étiquette), par exemple des marques comme Shiraz®, Logona®, Khadi®.
- Achetez vos hennés sur des sites ou dans des magasins spécialisés comme Aroma-Zone.
- Faites votre mélange sur mesure grâce au bilan capillaire (page 152) pour obtenir le résultat escompté.

Non, surtout pas !

- N'achetez jamais de henné dont l'emballage n'indique pas la liste des ingrédients INCI.
- N'achetez jamais de poudre ou de coloration au henné en grande surface car elles contiennent souvent des sels métalliques.
- Ne faites jamais de poudre d'indigo si vous êtes blonde, méchée ou décolorée.
- Ne faites jamais de poudre de katam sans ajouter une poudre de henné.

La poudre de katam s'utilise toujours en association avec un henné (colorant ou non) pour fixer la couleur à la fibre capillaire et limiter ainsi le dégorgement. Elle permet d'obtenir un châtain sans aucun reflet.

Pour les roux et rouges

- La garance est le colorant rouge par excellence. Appliquée en masque sur le cheveu, la racine de garance permet de colorer naturellement les cheveux avec des teintes acajou. L'intensité de la couleur finale dépend de la couleur de départ : on peut obtenir de simples reflets roux/acajou (sur cheveux châtains) ou une teinte rouge vif sur cheveux blonds. Ajoutée à votre shampoing ou masque, la poudre de garance permet également de réaliser des soins colorants.

Pour des reflets roses, violins et bleus

- La poudre de fleurs d'hibiscus apporte de la brillance, stimule la pousse et fortifie les cheveux. Elle peut être utilisée seule en masque (avec un henné neutre) ou bien associée avec des hennés colorants ; dans ce cas, elle apportera de la lumière et sublimera les tons rouges et acajou.
- L'indigo est extrait des feuilles de l'indigotier (noté sur les paquets : *Indigofera tinctoria*). Il est très réputé pour la coloration végétale des cheveux car il les fonce en leur donnant des reflets noirs bleutés corbeau lorsqu'il est utilisé seul. En l'associant au henné du Rajasthan, il est possible d'obtenir d'autres teintes allant de l'auburn à l'acajou (tout cela en restant évidemment

très foncé). L'indigo couvre parfaitement les cheveux blancs. Toutefois, c'est une poudre que je vous déconseille d'utiliser à moins d'être certain de vouloir garder cette couleur bleu corbeau extrêmement longtemps. L'indigo ne doit jamais être utilisé sur des cheveux blonds, naturels ou non (autrement dit méchés, éclaircis chimiquement et cheveux blonds ou clairs naturels), sous peine de rendre les cheveux verts (puisque, en toute logique, jaune + bleu = vert) ! Pour les bases foncées, cela peut donner un très joli résultat mais, avant de vous lancer, n'oubliez pas qu'après un indigo, il ne faudra plus jamais vouloir éclaircir chimiquement vos cheveux. C'est impossible. Le seul moyen de vous en « débarrasser » est de laisser pousser vos cheveux et de couper la partie colorée. Lorsque vous achetez un mélange de coloration végétale « brune » dans le commerce, il est probable qu'il y ait de l'indigo.

Pour les cheveux blancs

- Si vous n'avez que quelques cheveux blancs, vous pouvez simplement faire une coloration végétale classique en fonction de vos envies. Si vous êtes brune et que vous avez des racines blanches ou de nombreux cheveux blancs que vous souhaitez recouvrir, alors il va falloir procéder en deux temps. D'abord, vous poserez un mélange (50 % de henné d'Égypte + 50 % de henné neutre) qui va colorer vos cheveux blancs en cuivré, puis vous pourrez réaliser la couleur définitive choisie.

L'ASTUCE DE NOISETTE

Oups, c'est trop intense ! Comment faire dégorger la couleur ? Pas de panique, il vous suffit de laisser poser un masque composé d'argile blanche et de lait de coco pendant une nuit, puis de rincer vos cheveux.

TEST

Mon bilan capillaire sur mesure

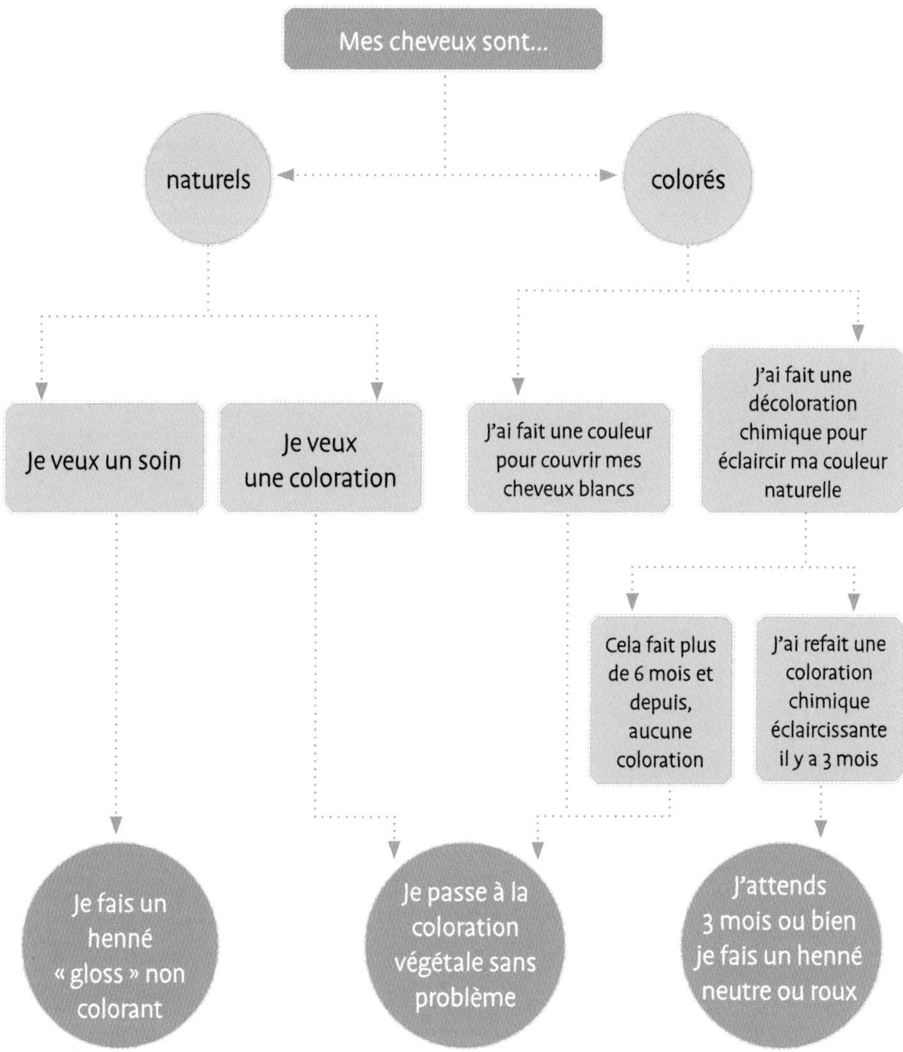

Puis-je faire une coloration végétale ?

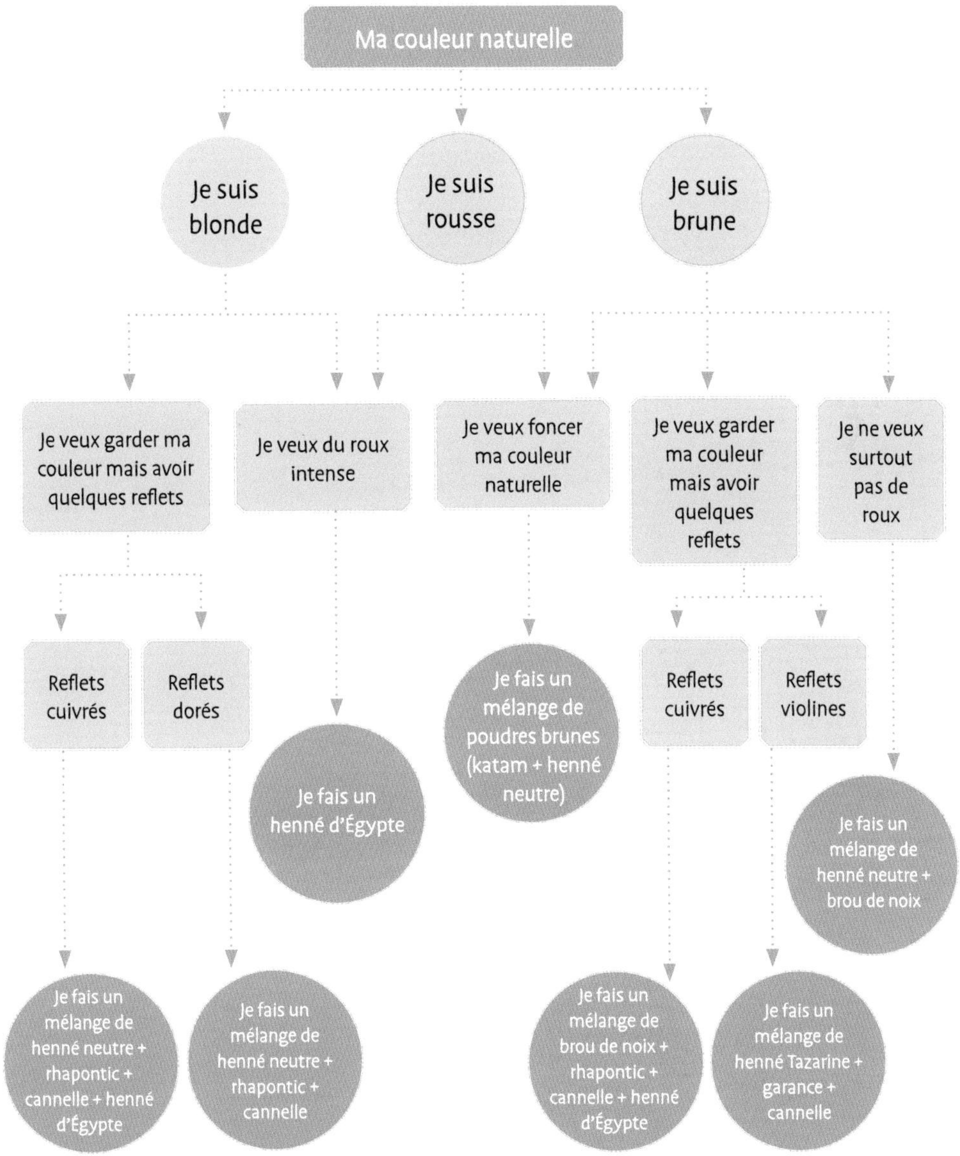

DIY

Ma coloration végétale maison

Sans être coiffeur, il est tout à fait possible de réaliser sa coloration végétale maison sur mesure. Lorsque vous faites votre mélange, utilisez toujours un minimum de 50 % de henné afin d'augmenter la tenue de votre coloration. Par exemple :

- pour un marron chocolat légèrement cuivré, optez pour 50 % de henné d'Égypte + 50 % de brou de noix (c'est la couleur que je fais);
- pour un blond froid : 50 % de henné neutre + 50 % de rhapontic;
- pour un roux intense : 60 % de henné Tazarine + 40 % de garance.

Il faut calculer 100 g de henné pour 10 cm de chevelure, puis adapter la quantité des autres poudres en fonction de la quantité de henné nécessaire.

ingrédients

- Henné au choix
- Poudre végétale au choix
- 1 yaourt
- 1 c. à soupe de jus de citron (ou de vinaigre de cidre)

matériel

- Gants (que vous pourrez réutiliser à chaque pose)
- Vieux tee-shirt qui ne craint pas les coulures
- Foulard en tissu dédié que vous pourrez attacher comme un turban pendant la pose
- 1 pinceau applicateur (facultatif mais extrêmement pratique, vous en trouverez facilement en grande surface et en magasin de coiffure)

étape 1 : réaliser le mélange colorant

1. Mélangez les poudres végétales choisies dans un saladier.
2. Ajoutez de l'eau chaude progressivement en remuant avec une cuillère en bois afin d'éliminer les grumeaux. Vous devez obtenir une pâte lisse et épaisse semblable à une pâte à gâteau.
3. Ajoutez le yaourt, qui est hydratant et améliore la consistance : l'application n'en sera que facilitée.
4. Juste avant de poser, afin de permettre aux pigments de se développer et d'adhérer à vos cheveux, ajoutez 1 c. à soupe de jus de citron (ou de vinaigre de cidre).

étape 2 : poser la coloration végétale

1. À l'aide du pinceau applicateur, étirez la matière des racines vers les pointes. N'hésitez pas à en mettre beaucoup. Votre mèche doit être intégralement recouverte **(photo 1)**.
2. Entortillez la mèche sur elle-même pour former un petit chignon **(photo 2)**. Répétez l'opération avec une deuxième mèche, puis entortillez-les ensemble jusqu'à obtenir une grosse mèche.
3. Avec cette dernière, formez un chignon **(photo 3)** : si vous avez mis suffisamment de matière, celui-ci doit coller facilement sur le dessus du crâne.
4. Répétez l'opération avec le reste de votre chevelure **(photo 4)**.

5. Avec votre foulard, formez un turban afin d'éviter les coulures et que le henné ne sèche pendant la pose **(photo 5)**.

6. Laissez poser au moins 2 heures (et jusqu'à 4 heures maximum).

étape 3 : le rinçage

1. Après la pose, rincez le henné à l'eau claire. Ne faites pas de shampoing avant 3 jours car c'est le temps nécessaire au henné pour s'oxyder à l'air libre et adhérer à vos cheveux. Le résultat définitif ne sera donc visible qu'à l'aube de ce troisième jour.

Je mesure mes progrès

dans la salle de bains

	jour 1	à 6 mois	au bout de 1 an
J'utilise des produits non testés sur les animaux.	◯	◯	◯
J'ai trié les produits de ma salle de bains avec l'application *INCI Beauty*.	◯	◯	◯
J'utilise des cosmétiques solides.	◯	◯	◯
J'ai remplacé les produits jetables par des alternatives durables (cotons démaquillants lavables, rasoir de sûreté, flacons...).	◯	◯	◯
J'utilise des huiles végétales naturelles et bio.	◯	◯	◯
J'ai banni les composants toxiques de mes routines beauté.	◯	◯	◯
Je fabrique mes soins moi-même avec des ingrédients simples et des compositions minimalistes.	◯	◯	◯
Je connais le type et l'état de ma peau.	◯	◯	◯
J'ai une routine de *layering* adaptée à mon type de peau.	◯	◯	◯
J'utilise les poudres végétales pour soigner mes cheveux.	◯	◯	◯

le ménage

Nettoyer, c'est dépolluer son intérieur et non l'inverse ! Or, comme nous allons le voir dans cette partie, l'air de nos maisons est bien souvent plus pollué que celui de l'extérieur. Face à ce constat, il est temps de mettre de côté les parfums chimiques et les produits toxiques pour adopter des gestes et des ingrédients simples et sains pour notre santé et l'environnement. Avec des recettes naturelles et efficaces ainsi que des conseils pour revoir vos habitudes, vous arriverez facilement à nettoyer votre maison sans décaper la planète.

Des produits naturels

Les endroits clos dans lesquels nous passons 80 % de notre temps sont souvent bien plus pollués que les endroits ouverts, du fait de la multiplicité des polluants intérieurs : pollution atmosphérique ou émanant des bâtiments (ameublement, décoration, peinture, solvants, vernis). Par ailleurs, nos attentes concernant l'entretien de nos maisons ont changé : aujourd'hui nous souhaitons des produits efficaces, simples, polyvalents et surtout plus respectueux de la planète.

Les produits naturels pour le ménage et leurs utilisations

Première chose : nous pouvons nous passer de l'ensemble des produits ménagers industriels que l'on nous vend (et de leur emballage). Entretenir l'intérieur, nettoyer le sol, la salle de bains, les W.-C., laver son linge... pour chaque endroit, chaque pièce, chaque tissu, il est en effet possible de faire le ménage de façon simple et écologique, en substituant aux produits agressifs et chimiques des matières premières naturelles.

Le savon

Qu'il soit sous forme liquide (savon noir) ou solide (savon de Marseille, savon d'Alep), le savon est un très bon nettoyant et un très bon dégraissant, naturellement biodégradable. Attention : face à l'engouement pour les produits ménagers à la composition naturelle ou faits maison, de nombreuses marques vantent des articles « au savon de Marseille » ou « au savon noir », mais il s'agit bien souvent de *greenwashing*.

Le savon noir est couramment utilisé comme base pour préparer un nettoyant liquide multi-usage, pour laver les sols au quotidien ou les murs. Les paillettes de savon de Marseille sont idéales pour préparer la lessive.

- Je les utilise pour : nettoyer (leur effet moussant est peu prononcé mais ils nettoient efficacement), dégraisser et détacher légèrement.
- Comment ? Le savon noir et le savon de Marseille sont solubles dans l'eau, je les utilise pour nettoyer les sols et les plans de travail. Je nettoie également les surfaces plus petites et les taches avec, en les appliquant purs sur une éponge humide, puis je rince la surface à l'eau claire. Le savon noir liquide s'utilise à raison de 3 c. à soupe pour 5 l d'eau chaude.

Pour les paillettes de savon de Marseille, comptez 50 g par litre d'eau chaude. Le savon de Marseille est plus doux (c'est pourquoi je le privilégie pour le soin du linge) tandis que le savon noir est un peu plus dégraissant.

Le bicarbonate de soude

Le bicarbonate de soude est un indispensable. C'est le produit multi-usage par excellence, qui s'utilise autant comme nettoyant que comme poudre à récurer, désodorisant ou détachant. Doux et facile d'utilisation, le bicarbonate de soude est si polyvalent qu'on peut s'en servir autant pour le nettoyage qu'en cuisine.

- Je l'utilise pour : nettoyer et récurer les plaques de cuisson, le four, le frigo mais aussi la salle de bains. Il a une légère action détachante pour le linge (très rarement allergène même sur les peaux les plus sensibles), ce qui justifie son emploi dans une lessive maison. Comme le marc de café, il permet de désodoriser s'il est placé en poudre dans une coupelle.
- Comment ? Il est soluble dans l'eau. En le mélangeant avec un peu d'eau, je forme une pâte pour nettoyer ou récurer facilement. En poudre, il est utile pour désodoriser (à saupoudrer, par exemple, sur un canapé avant de passer l'aspirateur). Il est aussi très utile dans les produits ménagers maison comme base diluée avec de l'eau (compter 3 c. à soupe par litre d'eau).

EN PRATIQUE

Le savon de Marseille, attention aux duperies !

Le terme « savon de Marseille » n'est pas une appellation d'origine protégée (AOP), ainsi il est fréquent de trouver de faux savons de Marseille dans le commerce. De nombreuses marques surfent sur la tendance des produits artisanaux et de l'écologie pour nous vendre de faux savons de Marseille aux compositions chimiques à rallonge, bien loin de la fabrication traditionnelle du véritable savon de Marseille. Il existe également de fausses croyances sur ce savon, que nous allons éclaircir afin de bien distinguer le vrai du faux.

La composition : le véritable savon de Marseille n'est composé que de 5 ingrédients – des huiles végétales, de l'eau, de la glycérine, du sel et de la soude. En langage INCI, cela nous donne : (Huiles végétales) *Sodium Olivate* ou *Sodium Cocoate* ou *Sodium Palmate* + (Autres ingrédients) *Aqua, Glycerin, Sodium chloride, Sodium hydroxide.* Aucun conservateur, aucun colorant, aucun parfum ni aucun autre ingrédient n'entre dans la composition du vrai savon de Marseille. En résumé, un savon qui a du parfum n'est pas un savon de Marseille. Un savon d'une autre couleur que vert, brun ou beige (couleur donnée naturellement par l'huile utilisée) doit vous faire douter de sa qualité !

Français ! Choisir un savon de Marseille fabriqué selon la méthode traditionnelle dans une savonnerie artisanale au cœur de la Provence est la garantie de préserver l'artisanat local. De la même manière, le savon d'Alep doit afficher des garanties quant à sa provenance et aux conditions de sa production, gage du savoir-faire ancestral. Prenez garde aux produits dont le nom contient « Marseille » mais qui ne sont pas à base de savon de Marseille ; il s'agit encore de *greenwashing* ! Parmi les savonneries qui en fabriquent du vrai, vous pouvez retrouver Fer à Cheval, Rampal Latour et Marius Fabre, qui proposent de vrais savons de Marseille en bloc, en paillettes, et même à la coupe en magasin bio.

À l'huile d'olive ! Le véritable savon de Marseille ne peut être fabriqué qu'à partir d'huile de palme, d'huile de coprah, d'huile de coco ou d'huile d'olive. L'huile de palme est une catastrophe écologique tandis que l'huile de coprah et l'huile de coco sont produites à des milliers de kilomètres. Par ailleurs, l'huile de coco non labellisée contribue à la maltraitance animale par l'exploitation de petits singes pour récupérer les noix de coco au sommet des cocotiers. L'empreinte environnementale n'est donc pas neutre. L'huile d'olive bio au contraire est produite en France ou dans le bassin méditerranéen (Italie, Espagne), et sa production ne met pas en danger l'environnement. C'est donc la raison pour laquelle je vous recommande d'utiliser un savon de Marseille à l'huile d'olive bio.

Une cuisson au chaudron ! Il n'existe qu'une poignée de savonneries en France qui continuent à fabriquer l'authentique savon de Marseille, selon la méthode de fabrication ancestrale avec une cuisson au chaudron. C'est un procédé où les ingrédients vont cuire lentement pendant plusieurs jours. Un savon de Marseille fabriqué en laboratoire ne peut donc pas être considéré comme un véritable savon de Marseille.

Les cristaux de soude

C'est la version « un cran au-dessus » (mais non comestible) du bicarbonate de soude : les cristaux de soude sont plus alcalins et donc plus dégraissants que le bicarbonate. Ils permettent de nettoyer des surfaces particulièrement sales ou de booster une lessive naturelle à base de noix de lavage. Attention à ne pas les confondre avec la soude caustique (hydroxyde de sodium), qui est extrêmement corrosive et doit être manipulée avec précaution (notamment lors de la réalisation de savon saponifié à froid), et non pour l'entretien ménager courant.

- Je les utilise pour : nettoyer et récurer les plaques de cuisson, le four, les plaques du barbecue et les sols de terrasse, mais aussi pour détacher du linge moyennement sale. Les cristaux de soude permettent également de retirer du papier peint ou le vernis d'un meuble. Attention, ils sont particulièrement redoutables sur les parquets, les surfaces cirées ou poreuses (tomettes), les peintures laquées et l'aluminium, et peuvent les altérer.
- Comment ? Les cristaux sont solubles dans l'eau. Il est facile de réaliser une pâte à récurer avec des cristaux et un peu d'eau pour éliminer les taches tenaces. J'utilise les cristaux de soude pour le ménage et le bricolage, dilués dans l'eau chaude (1 à 4 c. à soupe par litre d'eau). Enfin, pour détacher le linge, verser ½ verre de cristaux de soude dans le bac à lessive augmente l'efficacité des lessives et des savons en eau dure. En effet, en France, en fonction des régions, l'eau est plus ou moins dure – c'est-à-dire chargée en ions calcium et magnésium responsables de la formation de calcaire. Une eau dure se définit par sa forte teneur en calcaire.

Percarbonate de soude

Pour moi, le percarbonate de soude est le perfectionniste du ménage, celui qui permet d'obtenir des résultats éclatants. Il est particulièrement utile pour blanchir et détacher le linge de façon écologique. C'est aussi un nettoyant et purifiant très puissant. Au contact de l'eau chaude, dès 40 °C, il libère naturellement de l'oxygène actif (eau oxygénée) aux propriétés blanchissantes et assainissantes puissantes. Il a les mêmes propriétés dégraissantes que les cristaux de soude. Je vous conseille de le dissoudre au dernier moment car son oxygène actif s'altère dans l'eau en quelques heures – il n'est donc pas très intéressant de le préparer longtemps à l'avance.

- Je l'utilise pour : la lessive notamment, comme détachant sur un linge très sale avant le lavage ou directement dans le tambour, comme une lessive en poudre. Pour le nettoyage, dissous dans l'eau pour blanchir des sols, terrasses, éviers, baignoires/douches et carrelages. Attention, il est particulièrement redoutable sur les parquets, les surfaces cirées, les peintures laquées et l'aluminium, qu'il risque d'altérer.

- Comment ? Il est soluble dans l'eau. Pour laver le linge, j'utilise 1 à 2 c. à soupe par machine dans le tambour ou le bac à lessive. Je l'utilise aussi en prétrempage pour un linge taché (par exemple mes cotons démaquillants lavables) : comptez 1 à 2 c. à soupe dans une bassine d'eau chaude de 5 à 10 litres.

Le vinaigre d'alcool à 12° et l'acide citrique

Ne vous laissez pas impressionner par le terme « acide », car l'acide citrique n'est pas aussi dangereux qu'il n'y paraît ; on le retrouve largement dans le citron, ce qui confère à ce fruit son pouvoir détartrant. Comme le vinaigre, il s'agit d'acide dit « faible ». Il élimine efficacement le tartre et fait briller les surfaces (vitres, miroirs, robinetteries, lavabos, éviers...) sans être nocif pour l'environnement. L'acide citrique étant solide, il est très concentré et doit être dilué dans l'eau avant utilisation. Le vinaigre au contraire est déjà une solution liquide (ce qui explique certainement qu'il est plus connu et plus répandu) et peut s'utiliser pur. Le degré que l'on retrouve associé aux termes « vinaigre d'alcool » correspond à la concentration d'acide acétique dans l'eau. Plus il est élevé et plus le vinaigre est concentré. Le vinaigre de ménage que l'on trouve dans le commerce est généralement entre 12° et 14°. On considère que le vinaigre à 12°, du fait de sa concentration, est déjà très efficace dilué à 30 % dans l'eau : vous pouvez donc le diluer, son efficacité ne sera pas altérée. Par ailleurs, si l'odeur du vinaigre vous rebute, sachez que l'acide citrique présente l'avantage d'avoir une odeur neutre.

- Je les utilise pour : détartrer les lavabos, les toilettes et les joints de la salle de bains. Je les utilise aussi pour détartrer des appareils ménagers comme la bouilloire. Ils sont également efficaces pour retirer la rouille d'objets métalliques et de l'argenterie (bijoux en argent et robinetteries).
- Comment ? J'utilise 2 à 5 c. à soupe d'acide citrique dans 1 l d'eau chaude pour frotter les surfaces à détartrer. Je dilue le vinaigre dans de l'eau afin de réaliser un spray dégraissant vitres et Inox (voir page 173) pour les vitres ou bien je l'utilise pur sur une éponge. Il est aussi possible d'ajouter vinaigre ou acide citrique à des produits ménagers à conserver pour plus tard – mais attention au mauvais combo avec le bicarbonate de soude (voir page 166) !

L'ASTUCE DE NOISETTE

Une astuce répandue consiste à faire macérer les épluchures d'agrumes bio dans un bocal de vinaigre. Cela permet de réutiliser les épluchures. Sachez que vous pouvez varier les senteurs en utilisant des herbes fraîches ou des fleurs de vos cueillettes. Personnellement, j'utilise souvent du thym ou des fleurs parfumées comme le lilas ou le jasmin.

La terre de Sommières, l'argile blanche et le blanc de Meudon

Les argiles et la terre de Sommières ont une excellente capacité d'absorption du gras. Ce sont donc des alliées utiles pour éliminer le gras et les taches, surtout sur les surfaces sensibles ou poreuses comme le bois, les tapis, la moquette et les tissus délicats sur lesquels l'utilisation de détachants classiques (à base de savon, de cristaux de soude ou de percarbonate de soude) ne serait pas envisageable. Le blanc de Meudon, une craie naturelle, est aussi utile pour son caractère abrasif très doux, qui permet de polir en douceur les surfaces fragiles.

- Je les utilise pour : éliminer les taches grasses (huile, maquillage, cambouis, suie, chocolat...) à sec, surtout sur les tissus délicats, ou encore pour fabriquer une pierre d'argile à récurer (voir page 172).
- Comment ? Ils sont insolubles dans l'eau et l'huile. Comme détachants, je les utilise à sec en recouvrant généreusement la tache, je laisse poser 24 heures puis je frotte avec une brosse à linge (et je passe l'aspirateur si la tache était sur un tapis ou un canapé). Cette opération peut être répétée plusieurs fois si la tache est résistante.

La terre de diatomée

La terre de diatomée est un insecticide naturel particulièrement efficace composé de restes fossilisés de diatomées (des microalgues marines). Elle permet de lutter contre les puces des animaux et de se débarrasser des punaises de lit. Attention, il existe deux types de terre de diatomée dans le commerce : la silice amorphe, qui n'a subi aucune transformation et qui convient aussi bien pour une utilisation intérieure qu'extérieure, et la silice cristalline qui a été calcinée à 900 °C, pour un usage plus industriel.

- Je l'utilise pour : lutter contre les puces d'animaux, punaises de lit et puces de parquet mais aussi contre les fourmis, les cafards, les poissons d'argent en intérieur, et contre les pucerons et les chenilles au jardin.
- Comment ? Si les animaux ramènent des puces, je saupoudre de la terre de diatomée à l'intérieur, plus particulièrement sur les couchages de l'animal, susceptibles d'abriter les parasites. Puis je saupoudre de terre de diatomée l'ensemble du pelage comme un shampoing sec. Le lendemain, j'aspire la terre de diatomée et je brosse l'animal. Il est nécessaire de renouveler ces étapes une fois par semaine pendant trois semaines afin de tuer les larves non écloses au début du traitement. En raison de sa forte absorption des liquides, il est possible d'ajouter de la terre de diatomée à la litière des animaux afin d'éviter les odeurs. Au jardin, je saupoudre un peu de terre de diatomée autour des plants (humide, elle perd de son efficacité). Pour mes plantes intérieures, je mélange 5 g de terre de

diatomée avec 1 l d'eau que je pulvérise sur les feuilles. En séchant, ce mélange repoussera les pucerons et autres nuisibles.

Les « fausses bonnes idées »

Il n'est pas rare de tomber sur des recettes de produits ménagers maison et des astuces naturelles inefficaces voire dangereuses pour notre santé et pour l'environnement. C'est pourquoi il me semble intéressant de revenir sur ces fausses bonnes idées.

Ça mousse donc ça nettoie !

FAUX ! On retrouve souvent des recettes composées de vinaigre et de bicarbonate de soude, évitez-les ! Ne mélangez pas bicarbonate de soude et vinaigre d'alcool, car la mousse qui se crée neutralise l'effet du vinaigre. Vous obtenez alors une solution saline (acétate de sodium) qui n'a pas d'intérêt en nettoyage. Séparés, ces deux ingrédients sont très utiles mais ensemble, leurs effets s'annulent !

Le propre, ça sent le parfum !

FAUX ! Cette idée reçue vient du fait que les lessives et les produits ménagers industriels sont fabriqués avec des parfums ultra-chimiques qui sentent fort. Il suffit de voir le melting-pot d'odeurs dans les rayons des supermarchés pour comprendre que rien de tout cela n'est très naturel. Ainsi nous avons progressivement associé « propreté » et « parfum ». Pourtant, pour l'intérieur comme pour le linge, « propre » signifie surtout sans bactéries, sans taches, qui ressort frais et sans odeur (neutre) après le nettoyage.

Les huiles essentielles sont bonnes à utiliser dans les produits ménagers !

FAUX ! Les huiles essentielles sont très concentrées en actifs, elles ne doivent donc jamais être utilisées dans les produits ménagers qui vont finir dans les eaux de rinçage, car elles détruisent les écosystèmes dans les nappes phréatiques comme le ferait de l'eau de Javel. Par ailleurs, je vois trop souvent apparaître des huiles essentielles dans des recettes de lessive maison ; or elles n'apportent pas d'odeur au linge lorsqu'elles sont mises dans une lessive artisanale utilisée en machine (à moins d'y vider le flacon). La raison est simple : il n'est pas recommandé de chauffer les huiles essentielles. Les utiliser ainsi est donc du gâchis ! De plus, elles ne sont pas miscibles dans l'eau, donc elles ne s'y mélangent pas. Pour « odoriser » le linge, utilisez plutôt un hydrolat comme parfum de penderie (voir page 86), que vous vaporiserez une fois le linge sorti de machine – les hydrolats sont des eaux faiblement concentrées en huiles essentielles, vous profiterez donc de leurs vertus en aromathérapie.

Le ménage minimaliste

Pour adopter une démarche *slow* et minimaliste quand on fait le ménage, il faut d'abord prendre conscience que réduire nos déchets passe souvent par le fait maison. Je sais qu'on peut être découragé par le « tout maison » et craindre en toute honnêteté de ne pas avoir le temps, pourtant croyez-moi : en adoptant des produits simples et multi-usages, vous réduirez vos déchets, vous ferez des économies et vous gagnerez du temps.
Dans cette partie, je vais partager avec vous le plus de ressources possible – évidemment, vous n'êtes pas obligé de réaliser toutes les recettes proposées, mais elles auront le mérite d'être à disposition le jour où vous en aurez besoin. Pour ma part, je me consacre à la réalisation des recettes maison qui me sont primordiales au quotidien une fois par mois : lessive, pierre d'argile, dégraissant, spray assainissant et galets W.-C.

Les accessoires indispensables

Vous l'aurez compris, pour faire le ménage dans la maison efficacement, j'ai choisi des ustensiles plus durables que ceux en plastique ou jetables, que j'ai remplacés progressivement.

Les brosses et balais

Parmi les indispensables pour le ménage, il y a les brosses. Les brosseries françaises sont de plus en plus rares : le savoir-faire pour ce qu'on appelait autrefois « les articles de Paris » – du fait de leur forte présence dans la capitale – se perd. Les brosses ont été oubliées au profit d'éponges et de lingettes jetables, pourtant il s'agit bien d'un objet pratique, écologique et économique ! Je vous recommande particulièrement la manufacture Andrée Jardin, une brosserie familiale française ayant le label Entreprise du patrimoine vivant (EPV). Vous y retrouverez tous les accessoires de ménage écologiques visibles dans l'ouvrage.

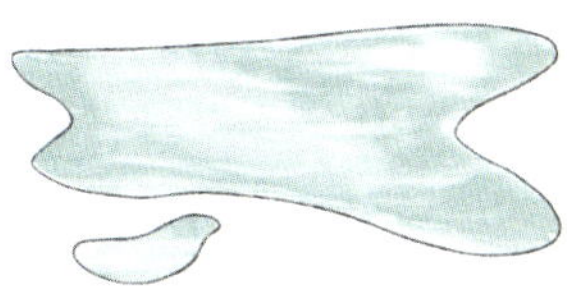

Le *slow switch*

Je remplace...

Les bidons en plastique...	... par des bocaux hermétiques et des bouteilles en verre.
Les flacons spray en plastique...	... par un flacon spray en verre fumé.
La serpillière en microfibres, les lingettes jetables...	... par une serpillière espagnole et des torchons lavables.
Le balai en plastique...	... par un balai en bois de hêtre avec des fibres naturelles.
L'éponge jetable...	... par une brosse, un tawashi et/ou une éponge compostable (éponge en luffa, éponge biodégradable en cellulose de bois).
L'éponge à gratter...	... par une éponge en cuivre, des brosses à vaisselle de différentes duretés.
L'essuie-tout jetable...	... par des torchons ou un essuie-tout lavable (voir page 170).
Les bassines et les seaux en plastique...	... par des bassines et des seaux en acier galvanisé, pour leur durabilité.

DIY

Fabriquer son essuie-tout lavable

L'utilisation d'un essuie-tout jetable fait à mon sens partie de ces petits conforts non essentiels qui nous ont été insufflés par l'industrie.

matériel

- Une dizaine de torchons épais (serviettes de bain...)
- 20 boutons-pression en métal

à savoir

Pour nettoyer les torchons, vous pouvez utiliser les méthodes préconisées dans la partie « Le soin du linge » (à partir de la page 179).

étapes

1. Si le tissu est trop grand, coupez-le en carrés de 20 x 20 cm et réalisez une couture sur tous les côtés.
2. Positionnez un bouton-pression sur chaque coin du torchon et fixez-les **(photo 1)**.
3. Pour réaliser votre rouleau essuie-tout, il suffit d'attacher les pressions d'un coin de torchon à un autre **(photos 2 et 3)** puis d'enrouler le tout.

1.

2.

3.

Nettoyer la cuisine

Il y a de nombreuses choses à nettoyer dans la cuisine, de la vaisselle en passant par les plaques de cuisson et le frigo... À mon sens, c'est la pièce la plus décourageante tant elle se salit vite.

La vaisselle

J'utilise le plus souvent un bloc de savon de Marseille sur lequel je frotte ma brosse pour nettoyer la vaisselle peu sale. Pour les ustensiles et le matériel en Inox, je privilégie la pierre d'argile maison (voir page 172) ou le blanc de Meudon, qui permet de polir et de faire briller. Par confort, j'utilise aussi souvent un liquide vaisselle maison (légèrement moins économique que le bloc de savon solide mais assez pratique). Pour faire mon liquide vaisselle maison, je mélange dans un flacon à pompe 25 cl de savon noir liquide avec 1 c. à soupe de bicarbonate de soude. Enfin, pour une vaisselle très sale (à l'exception de la vaisselle en terre cuite), j'utilise un spray dégraissant maison vitres et Inox (voir page 173).

La cuisson

Lorsque nous cuisons nos aliments, il n'est pas rare de voir apparaître des taches incrustées ou des traces de brûlé. Pour nettoyer la plaque de cuisson, je vous conseille d'utiliser au quotidien la pierre d'argile ou le spray dégraissant maison vitres et Inox. Toutefois, si la tache est tenace, vous pouvez réaliser une pâte dégraissante en mélangeant des cristaux de soude à un peu d'eau chaude, que vous laisserez poser quelques minutes puis que vous frotterez à l'aide d'une brosse. J'opère de la même manière pour les grilles et les lèchefrites ; si elles sont vraiment brûlées, je laisse poser la mixture dessus une nuit entière. Pour les portes du four et les surfaces spécifiques (plaques à induction, en vitrocéramique...), j'utilise plutôt une pâte constituée de bicarbonate de soude additionné d'un peu d'eau tiède. Enfin, gardez en tête que le détartrage régulier de vos appareils électriques comme la bouilloire permet de prolonger leur durée de vie. Pour cela, réalisez une solution acide détartrante constituée de 20 cl de vinaigre d'alcool et de 80 cl d'eau, ou bien de 2 c. à soupe d'acide citrique dans 1 l d'eau. Remplissez votre bouilloire de cette solution et portez brièvement à ébullition avant de rincer soigneusement à l'eau claire. Répétez l'opération régulièrement.

Les tables et les plans de travail

J'utilise simplement une éponge humide avec du savon noir, puis je rince abondamment. Si la surface a besoin d'être désinfectée, j'utilise un spray assainissant multi-usage (voir page 174).

RECETTE

Pierre d'argile maison pour la vaisselle

La pierre d'argile est utilisée depuis des temps ancestraux. Il s'agit d'un produit vraiment multi-usage très simple à réaliser. Elle convient pour faire briller et nettoyer toutes les surfaces dures comme les bacs de douche et les baignoires, les éviers, la vaisselle, la poubelle… Je l'utilise en prélevant le produit sur une éponge ou une brosse humide.

ingrédients

- 130 g d'argile blanche
- 10 cl de savon noir liquide
- 100 g de bicarbonate de soude

matériel

- Bocal de 30 cl

étapes

1. Mélangez l'ensemble des ingrédients comme si vous pétrissiez du pain.
2. Transvasez dans un bocal et tassez.
3. Laissez sécher pendant 1 semaine à l'air ambiant, afin d'obtenir une pierre d'argile. Si vous l'utilisez sans patienter, il s'agira davantage d'une pâte à récurer qui sera moins économique car l'éponge prélève davantage de produit.

à savoir

Après 1 ou 2 minutes, la préparation semble ne pas se mélanger correctement pourtant il faut continuer à pétrir, car c'est le pétrissage qui va créer une pâte. N'ajoutez surtout pas de liquide. J'évite d'utiliser la pierre d'argile sur les surfaces cirées ou vernies, qui sont sensibles à l'abrasion. Cette pierre d'argile se conserve extrêmement longtemps (plusieurs années) dans un bocal hermétique.

Le frigo

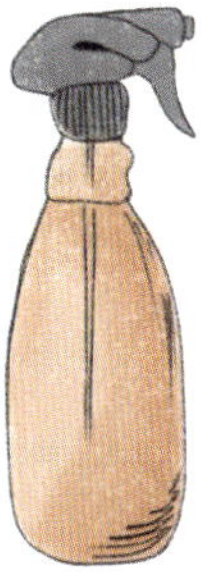

Dans le frigo j'utilise souvent le spray assainissant multi-usage (voir page 174) sur les étagères et le spray dégraissant vitres et Inox pour le reste (parois, portes et bacs). Afin d'éviter les mauvaises odeurs, vous pouvez déposer du marc de café ou du bicarbonate de soude dans une coupelle ainsi qu'asperger les parois avec un mélange désodorisant pour frigo, qui n'est rien d'autre qu'un hydrolat d'agrumes conservé au frais.

RECETTE

Spray dégraissant vitres et Inox

Ce dégraissant polyvalent permet de retirer facilement les taches du quotidien sur les vitres, l'Inox, les carrelages et les miroirs sans laisser de traces. Je le vaporise sur la surface avant de frotter et d'essuyer avec un torchon.

ingrédients

- 60 cl d'eau
- 40 cl de vinaigre à 12°
- 10 cl d'alcool à 95°

matériel

- Flacon spray de 1 l

étapes

1. Versez les ingrédients dans le flacon et mélangez.
2. Agitez bien avant usage.

à savoir

Le dégraissant se conserve longtemps (facilement plus de 6 mois) grâce à sa teneur en alcool.

RECETTE

Spray assainissant multi-usage

Ce spray est un incontournable pour assainir toute la maison (jouets, plans de travail, frigo, accessoires...). Il permet d'éliminer la saleté du quotidien facilement. Je vaporise et patiente 10 minutes avant d'essuyer avec une éponge ou un torchon humide.

ingrédients

- 2 ml d'huile essentielle de citron (70 gouttes)
- 3 c. à soupe de savon noir liquide
- 25 cl d'eau à température ambiante

matériel

- Flacon spray de 25 cl en verre fumé (obligatoire quand on utilise des huiles essentielles sensibles à la lumière)

étapes

1. Mélangez dans un premier temps l'huile essentielle et le savon noir liquide.
2. Puis ajoutez l'eau et mélangez jusqu'à obtenir un liquide homogène légèrement moussant.
3. Transvasez dans le flacon spray et agitez bien avant usage.

à savoir

Exceptionnellement, cette recette contient des huiles essentielles. J'utilise l'huile essentielle de citron pour ses vertus purifiante et bactéricide naturelles – cette huile essentielle est également comestible, elle peut donc sans problème se retrouver sur des produits ayant un usage alimentaire. Enfin, l'utilisation de ce spray n'implique pas de grandes quantités de produit, donc même après avoir essuyé votre objet et rincé votre éponge ou votre torchon sous l'eau, la concentration sera minime et n'impactera pas les nappes phréatiques. Et ça, c'est une bonne nouvelle !

Nettoyer les sols

Pour laver les sols, j'utilise très souvent un nettoyant maison (voir ci-dessous) au savon noir, qui est très efficace, notamment sur les carrelages. Toutefois, si vous avez du lino, un parquet vitrifié ou un sol en tomettes, cette recette ne conviendra pas, les cristaux de soude étant à éviter pour ce type de surface (voir page 163). Sur un sol poreux (terre cuite, tomettes, pierre...), je vous conseille de traiter immédiatement les taches avec de l'argile blanche en poudre : couvrez la tache d'argile et laissez poser quelques heures avant d'aspirer. Pour le ménage quotidien, contentez-vous d'un mélange de 15 cl de savon noir liquide pour 80 cl d'eau chaude, et surtout évitez de laisser un sol poreux humidifié trop longtemps. Enfin, pour nettoyer les tapis et la moquette, je les saupoudre de bicarbonate de soude avant de passer l'aspirateur afin de désodoriser. En cas de tache, j'utilise de la terre de Sommières que je prends soin de faire pénétrer dans les fibres puis que je laisse poser une nuit avant d'aspirer.

RECETTE

Nettoyant pour le sol au savon noir

Ce nettoyant a pour objectif d'éliminer les salissures et d'assainir les sols. Je vous conseille de réaliser le mélange au besoin dans un seau pour éviter le gâchis d'eau.

ingrédients

- 80 g de cristaux de soude
- 80 cl d'eau tiède
- Le jus de 1 citron (soit environ 3 c. à soupe)
- 20 cl de savon noir liquide

étapes

1. Dissolvez les cristaux de soude dans l'eau en mélangeant à l'aide d'une cuillère.
2. Incorporez le jus de citron et le savon noir liquide. Mélangez et utilisez.

ml 500
400
300
200
100

Nettoyer la salle de bains et les W.-C.

C'est très souvent pour nettoyer la salle de bains qu'on utilise le plus de produits chimiques. Voyons ensemble comment transformer la corvée de ménage de cette pièce en une routine plus simple et tout aussi efficace !

La douche

Les carreaux de la douche posent souvent problème pour deux raisons : ils se ternissent avec le calcaire et les joints jaunissent. C'est pourquoi je vous conseille d'utiliser régulièrement le spray dégraissant vitres et Inox (voir page 173). Pour blanchir les joints noircis, utilisez une solution à base de percarbonate de soude fraîchement préparée à raison de 1 c. à soupe dans 1 l d'eau chaude.

Les toilettes

Dans les toilettes, je remplace évidemment les pastilles de Javel par un substitut naturel maison. Je réalise moi-même mes galets W.-C. (voir page suivante), qui sont détartrants, assainissants et désodorisants. Pour nettoyer la cuvette, j'utilise généralement une solution acide (150 g d'acide citrique dans 1 l d'eau), que je verse dans la cuvette, puis je frotte le tout avec la brosse W.-C. Si votre cuvette est encrassée, rien de tel que d'y verser une solution à base de percarbonate de soude (comme pour les joints, 1 c. à soupe dans 1 l d'eau chaude) et de la laisser poser une nuit entière avant de tirer la chasse d'eau.

Les canalisations

Pour l'entretien des canalisations, versez 2 à 3 c. à soupe de cristaux de soude dans les tuyaux du lavabo (aussi bien de votre salle de bains que de votre cuisine). Laissez agir quelques minutes avant d'ajouter 1 l d'eau bouillante. Si dans votre région l'eau est très calcaire, n'hésitez pas à verser dans vos canalisations un mélange de 20 cl de vinaigre d'alcool et de 80 cl d'eau (ou bien de 2 c. à soupe d'acide citrique et de 1 l d'eau), après l'avoir porté à ébullition, comme pour la bouilloire. Vous pouvez aussi verser 1 fois par mois votre marc de café dans vos canalisations afin d'éviter les mauvaises odeurs. Enfin, comme nous l'avons vu dans la partie cuisine (voir page 72), vous pouvez verser dans les canalisations le jus du Bokashi pur, il est acide et permettra de déboucher efficacement les canalisations (photo ci-contre).

RECETTE

Galets W.-C. maison

Ces galets W.-C. sont un jeu d'enfant à réaliser autant qu'à utiliser ! En un seul geste, ils vont détartrer et assainir les toilettes. Je jette 1 galet effervescent dans la cuvette des toilettes 2 fois par semaine, en laissant poser une nuit, avant de tirer la chasse d'eau.

ingrédients

- 250 g de cristaux de soude
- 150 g d'acide citrique
- De l'eau dans un flacon spray

matériel

- Moule à muffins ou bac à glaçons
- Cuillère ou gants

à savoir

Si vos galets s'émiettent, c'est qu'il n'y avait pas assez d'eau ; au contraire, s'ils entrent en effervescence dans le saladier, c'est qu'il y en avait trop. Progressivement, à force de répéter, vous trouverez le juste milieu. Conservez vos galets dans une boîte hermétique à l'abri de l'humidité.

étapes

1. Mélangez les cristaux de soude et l'acide citrique dans un saladier.
2. Ajoutez 2 pulvérisations d'eau consécutives avant de mélanger. Il est important d'y aller progressivement afin de ne pas provoquer l'effervescence immédiate.
3. Répétez la double pulvérisation en mélangeant énergiquement – soit à la cuillère, soit à la main en portant impérativement des gants. Vous devez obtenir une pâte très légèrement humide et malléable comme du sable mouillé.
4. Transvasez dans un moule en tassant la poudre au maximum afin de bien la compacter.
5. Laissez sécher à l'air ambiant pendant 48 heures avant de démouler.

Le soin du linge

La plupart des marques de lessives industrielles ont recours à un cocktail de produits chimiques (substances issues de la pétrochimie, allergènes, perturbateurs endocriniens...) qui présentent des risques non négligeables pour notre santé et l'environnement, largement décriés aujourd'hui. On déplore notamment pour la santé des formulations complexes et opaques qui mélangent une cinquantaine de molécules chimiques favorisant les réactions allergiques, mais aussi non dégradables dans l'environnement.

Zoom sur un bidon de lessive industrielle

Parfums
Vous aimez l'odeur qui se diffuse pendant que le linge sèche ? Ces composés organiques volatils sont responsables de la pollution de notre intérieur.

Conservateurs
Des ingrédients comme le méthylisothiazolinone sont hautement irritants et susceptibles de provoquer des allergies.

Tensioactifs de synthèse
Rejetés dans les eaux de rinçage et libérés dans la nature, ils mettent en danger la biodiversité. Un Français consomme en moyenne 28 litres de lessive par an. De quoi détruire l'écosystème d'un étang de 6 hectares.

Perturbateurs endocriniens
Phtalates, EDTA, phénoxyéthanol... Autant de perturbateurs endocriniens (voir page 123) qui pénètrent la barrière de notre peau via les résidus de lessive présents dans le linge.

Plastique
La consommation annuelle de bidons de lessive revient en moyenne à 12 par personne en France. Sans compter les capsules individuelles qui, elles, font grimper le taux de plastique !

Coût élevé
En moyenne, le litre de lessive liquide industrielle coûte entre 5 et 10 euros (contre moins de 3 euros par litre de lessive maison).

Les petits accessoires de lavage

Il existe certains indispensables qui facilitent le lavage et dont l'action est complémentaire de celle des produits de soin du linge, mais d'autres accessoires, qu'on nous annonce comme miraculeux, n'ont en réalité que peu d'intérêt.

Les balles de lavage, de séchage et les battoirs

Les balles et battoirs de lavage reproduisent l'action des lavandières qui battaient le linge autrefois. Placés dans le tambour de votre machine à laver, ils brassent et frottent le linge. Les vêtements sont ainsi mieux nettoyés (débarrassés des poils d'animaux par exemple), mieux rincés, plus souples et donc plus simples à repasser. Il suffit de mettre 6 balles (ou 4 battoirs) avec le linge dans le tambour de votre lave-linge.
Si vous passez vos vêtements au sèche-linge, les balles en laine recyclée réduisent de 25 % la durée d'un cycle de séchage et diminuent l'électricité statique du linge en facilitant le repassage. En moyenne, elles ont une durée de vie de 500 cycles de séchage.

Les boules de lavage avec perles en céramique

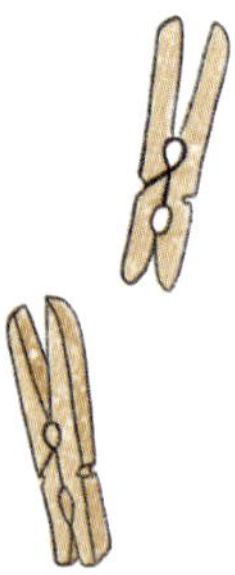

Méfiance ! D'une part, leur efficacité n'est pas prouvée, et il semblerait même qu'elles n'aient aucun effet nettoyant sur le linge. D'après plusieurs tests de magazines spécialisés dans les enquêtes pour les consommateurs, si le linge ressort (à peu près) propre, c'est uniquement grâce à l'eau chaude. D'autre part, certaines de ces boules contiennent des nanoparticules d'argent qui sont potentiellement nocives pour la santé. Enfin, elles sont en plastique et produites majoritairement en Asie pour quelques euros et vendues en Europe plus de 30 euros : encore un bel exemple de *greenwashing* !

La brosse à linge

Avant la lessive, j'utilise une brosse à linge afin de désincruster les taches des fibres textiles après avoir déposé ma poudre détachante (voir page 187) dessus. J'opte pour une brosse aux fibres naturelles et en bois.

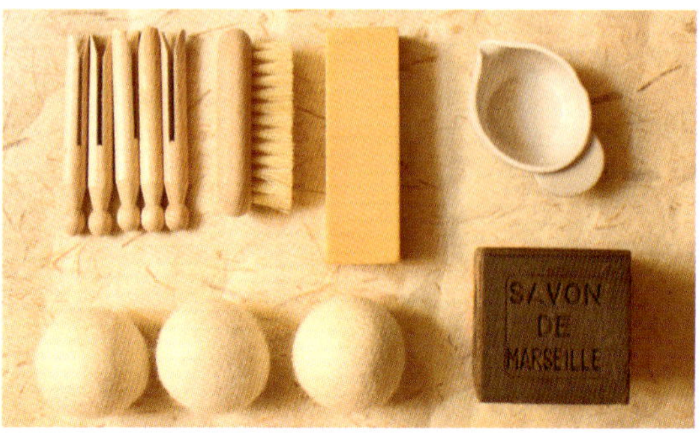

Le *slow switch*

Je remplace...

Le doseur en plastique...	... par un doseur en céramique ou une cuillère à pâtisserie en bois ou en Inox dédiée à cet usage.
La lessive en bidon en plastique...	... par une lessive liquide ou en poudre maison (voir pages 184-185).
L'adoucissant...	... par 1 à 2 c. à soupe de vinaigre d'alcool dans le bac du lave-linge.
Le détachant...	... par l'action de brosser le linge avec la poudre détachante (voir page 187).
L'antimite...	... par du parfum de penderie (voir page 86), du bois de cèdre, des sachets de lavande séchée.
Le sac de lavage...	... par un sac Guppyfriend®, (voir page 90) qui retient les microplastiques rejetés par les matières synthétiques dans les eaux de lavage.
L'anticalcaire...	... par du vinaigre d'alcool dans le bac du lave-linge, surtout si l'eau de votre région est dure.

Les différentes lessives naturelles

Faire sa lessive maison est un choix entièrement *slow*. C'est la garantie d'une composition transparente et saine pour notre santé comme pour la planète. Mais c'est un choix aussi largement économique car, comme nous allons le voir, les ingrédients de base sont peu coûteux (parfois même gratuits).

Lessive au lierre

Gratuite et 100 % naturelle, cette lessive présente des arguments qui donnent envie de l'essayer. Pour réaliser 1 l de lessive au lierre, il faudra cueillir une cinquantaine de feuilles de lierre. Attention de bien choisir du lierre grimpant et non du lierre couvre-sol. Par ailleurs, la recette devra être réalisée dès la cueillette car les feuilles doivent être tendres et fraîches et non séchées. Muni de gants, commencez par laver les feuilles dans une bassine à l'eau claire et froissez-les bien afin de libérer leur saponine. Plongez les feuilles dans une casserole avec 1 l d'eau (les feuilles doivent être bien recouvertes) et portez à ébullition. Baissez ensuite le feu et laissez reposer à feu doux 15 minutes. Enfin, hors du feu, il faudra laisser macérer 24 heures avant de filtrer et de mettre en bouteille pour utiliser la lessive. Conservez la bouteille à l'abri de la lumière jusqu'à 3 semaines, au-delà elle perdra ses propriétés. Comptez 15 cl de lessive par machine à laver de 5 à 8 kg.

Néanmoins, sachez que la lessive au lierre présente certains risques pour la santé si elle est mal réalisée ou mal utilisée. En effet, les baies du lierre sont toxiques et des cas d'irritation après utilisation de lessive au lierre sont fréquemment rapportés, car les feuilles sont irritantes. C'est pourquoi ce n'est pas une lessive que je recommande particulièrement, notamment avec des enfants en bas âge qui mettent souvent les vêtements à la bouche. De la même manière que la réalisation d'un savon saponifié à froid exige des mesures particulières, car manipuler de la soude caustique peut s'avérer très dangereux quand on est novice, la fabrication de lessive au lierre demande certaines précautions : munissez-vous de gants de jardinage, choisissez du lierre grimpant, ne l'ingérez pas et ne touchez pas aux baies !

L'ASTUCE DE NOISETTE

Vous pouvez aussi réaliser une lessive à la cendre si vous disposez d'une cheminée. Elle demande plusieurs filtrations et présente quelques contraintes mais elle est efficace et 100 % gratuite. Elle exige moins de précautions d'emploi que la lessive au lierre.

Personnellement, j'aime bien cette lessive car elle est gratuite et a une efficacité comparable aux autres lessives, mais elle demande de pouvoir glaner ou cueillir facilement du lierre grimpant, ce qui n'est pas simple en ville ; c'est pourquoi je privilégie les alternatives au savon de Marseille.

Lessive aux noix de lavage

Les noix de lavage sont les coquilles du fruit d'un arbre, une espèce de *Sapindus* qui pousse dans l'Himalaya. Souvent issue de cultures biologiques, la coquille est récoltée sur le fruit mûr, puis séchée et décortiquée afin de permettre la libération de la saponine végétale. Cette molécule possède un réel pouvoir moussant et lavant dès 30 °C. Les noix de lavage peuvent aussi être utilisées en décoction, pour réaliser un détergent maison par exemple. Toutefois, je ne suis pas convaincue par les noix de lavage pour le soin du linge au quotidien. C'est une solution que j'ai utilisée pendant plusieurs mois le temps de trouver ma recette de lessive. Les noix de lavage ne me semblent pas la meilleure option disponible aujourd'hui, et ce pour plusieurs raisons :

- elles viennent de pays lointains puisqu'elles poussent dans la région de l'Himalaya. Il faut donc rajouter le coût écologique du transport et potentiellement un surcoût éthique et/ou écologique lié aux conditions de cueillette – même s'il est possible d'en trouver issues de l'agriculture biologique ;
- elles sont globalement assez onéreuses en comparaison des autres lessives maison. Comptez 4 à 6 noix pour une lessive à 90 °C ;
- utilisées seules à l'état de noix dans le tambour, leur efficacité pour laver le linge s'est révélée, pour moi, globalement assez variable, parfois décevante.

L'ASTUCE DE NOISETTE

L'écorce de Bois de Panama et la poudre de Reetha (originaire d'Inde) sont aussi des végétaux contenant naturellement de la saponine mais à mon sens, à moins de vivre dans ces pays, ils ne constituent pas une solution à privilégier (peu écologique).

Lessive au savon de Marseille

Faire sa lessive naturelle comme avant, voilà ce qui résume parfaitement une bouteille de lessive au savon de Marseille. En effet, ce savon est utilisé depuis l'Antiquité pour laver le linge. Choisir de laver son linge au savon de Marseille, c'est en un sens revenir à l'essentiel et aux recettes de nos grands-mères, qui se servaient du savon de Marseille de génération en génération pour prendre soin de leur linge.

RECETTE

Lessive liquide maison au savon de Marseille

Cette lessive liquide est ultra-douce et convient pour le linge quotidien. Sans parfum, sans colorant ni allergène, elle est particulièrement recommandée pour les peaux délicates. J'utilise un doseur en céramique qui correspond à 12 cl de lessive par machine.

ingrédients

- 90 g de savon de Marseille en paillettes
- 1 c. à soupe de cristaux de soude
- 80 cl d'eau
- 3 c. à soupe de bicarbonate de soude

matériel

- Casserole en Inox
- Mixeur plongeant
- Bouteille en verre de 1 l

étapes

1. Faites chauffer dans la casserole tous les ingrédients ensemble jusqu'à dissolution des paillettes de savon.
2. Hors du feu, mixez pendant 2 minutes jusqu'à obtenir une préparation lisse.
3. Transvasez la préparation dans la bouteille.

à savoir

Vous pouvez remplacer le savon de Marseille par du savon noir ou d'Alep dans les mêmes proportions.

Si votre lessive ne vous paraît pas assez lisse, vous pouvez ajouter 3 c. à soupe de glycérine végétale une fois le mélange hors du feu et avant de mixer.

Il faut toujours bien agiter la lessive avant de s'en servir. Il est tout à fait normal que le mélange se biphase, que l'eau remonte et que le savon tombe au fond de votre bouteille.

Conservez votre lessive à l'abri de la lumière.

RECETTE

Lessive en poudre maison à l'oxygène actif

Cette recette de lessive en poudre à l'oxygène actif est particulièrement efficace pour le linge clair. Personnellement, je l'utilise sur mon linge à raison de 4 c. à soupe par machine. Si vous lavez à froid ou à très basse température, je vous conseille toutefois de faire fondre la lessive dans un peu d'eau chaude avant de l'ajouter dans le bac, ou de vous diriger vers la lessive liquide.

ingrédients

- 150 g de savon de Marseille en paillettes
- 60 g de percarbonate de soude
- 150 g de bicarbonate de soude
- 150 g de cristaux de soude

matériel

- Mortier et pilon
- Cuillère
- Bocal hermétique de 60 cl

étapes

1. Dans le mortier, broyez les paillettes afin d'obtenir une poudre fine.
2. Ajoutez le reste des ingrédients et mélangez avec une cuillère à soupe.
3. Transvasez votre préparation dans un bocal hermétique.

à savoir

Cette lessive n'a pas de date de péremption tant que vous la conservez dans un bocal hermétique à l'abri de l'humidité.

Détacher le linge naturellement

Le détachage est une étape clé car les lessives maison ou écologiques ont souvent la mauvaise réputation de ne pas être efficaces sur les taches difficiles. Soyons honnêtes, une lessive maison est bien plus douce, elle ne va donc pas désincruster les fibres de la même manière qu'une lessive industrielle chimique. Néanmoins, avec les bonnes astuces et en utilisant les produits naturels adaptés, vous viendrez à bout des taches les plus tenaces sans difficulté.

Les astuces pour détacher son linge naturellement

- Vous pourrez faire partir facilement la plupart des taches courantes en frottant le tissu avec du savon de Marseille ou du savon noir, à l'aide d'une brosse à linge.
- Pensez toujours à traiter les taches avant le lavage, car après elles seront « cuites » dans les fibres et donc beaucoup plus difficiles à retirer.
- Pour les taches organiques difficiles comme le thé, le café, le vin, le sang, la transpiration, les fruits ou l'herbe, vous pouvez sans hésiter opter pour le percarbonate de soude, qui fait des miracles. Tamponnez la tache avec une solution composée de 2 c. à soupe de percarbonate de soude pour 1 l d'eau chaude. Vous pouvez aussi choisir de prétremper vos vêtements dans une bassine d'eau tiède additionnée de 2 c. à soupe de percarbonate de soude (je procède ainsi pour les vêtements de sport par exemple).
- Pour les tissus délicats je vous conseille de traiter les taches avec de l'argile ou de la terre de Sommières.
- L'utilisation de balles ou de battoirs de lavage permet de renforcer l'efficacité d'une lessive maison.

RECETTE

Poudre détachante avant machine

Cette poudre est parfaite pour éliminer les taches de gras sur le linge, elle est naturellement absorbante et s'applique directement sur la tache. Je laisse poser 30 minutes une fine couche de poudre sur la tache, puis je frotte avec ma brosse à linge avant de passer le vêtement en machine.

ingrédients

- 300 g de terre de Sommières
- 45 g de percarbonate de soude

matériel

- Bol et cuillère
- Bocal hermétique de 30 cl

étapes

1. Mélangez tous les ingrédients dans le bol.
2. Transvasez la préparation dans votre bocal hermétique.

à savoir

Cette poudre détachante n'a pas de date de péremption tant que vous la conservez dans un bocal hermétique à l'abri de l'humidité.

SPRAY
USAGE

Désodorisation et bien-être

Depuis l'avènement des produits industriels dans notre quotidien, nous vivons dans une pollution olfactive. Beaucoup de produits en tout genre sont parfumés, même ceux se disant « verts », « biologiques » et « tout naturels ». En plus de libérer des polluants atmosphériques dangereux pour la plupart, ils peuvent être sources de maux divers : allergies, migraines, perte d'odorat, nausée, fatigue... Bien sûr, je ne dis pas qu'il ne faut plus odoriser notre intérieur ou que se parfumer est néfaste, mais il me semble important de questionner la pertinence d'un parfum dans un produit. Nous allons devoir déconstruire un certain nombre de repères olfactifs : le frais n'a pas d'odeur, comme un courant d'air ; un linge propre ne sent pas le musc ou les fleurs ; un intérieur nettoyé est frais et aéré, pas saturé de parfums. Ainsi, en optant pour des alternatives saines et durables qui serviront notre confort, nous profiterons de parfums subtils et enveloppants comme celui d'un bouquet de fleurs de saison fraîchement coupées, d'une eau florale vaporisée dans un dressing ou d'huiles essentielles purifiantes dans la maison (voir page 193).

Les parfums d'intérieur chimiques

La présence d'une odeur chez soi signifie probablement que l'air intérieur n'est pas bien renouvelé, qu'il n'y a pas assez d'aération. Utiliser un parfum d'intérieur, c'est comme si, pour contrer un bruit d'autoroute qui vous gêne, vous montiez le son de la radio très fort à la maison. On ajoute du bruit au bruit et ça ne l'élimine pas... La pollution intérieure, c'est un peu la même chose. Vous ajoutez à votre air déjà bien pollué de la fumée de combustion (d'encens et de bougies) ou des parfums volatils (spray et diffuseurs). C'est donc loin d'être idéal !

L'ASTUCE DE NOISETTE

Le *palo santo* (« bois sacré » en espagnol) est en vogue pour sa dimension holistique. Il s'agit d'un arbre sacré qui présenterait des vertus pour débarrasser les intérieurs des énergies négatives. Cependant, avant de craquer, sachez que la tendance autour du *palo santo* a des répercussions négatives sur la forêt tropicale sèche, déjà décimée et menacée !

Vous l'aurez compris, je suis contre toute forme de parfum chimique d'intérieur, dont la fabrication comme l'utilisation sont extrêmement polluantes, et à l'opposé d'un art de vivre *slow* !

C'est pourquoi je vous conseille de supprimer de chez vous :

- les diffuseurs de parfum ;
- les parfums d'intérieur liquides sous toutes leurs formes (spray, avec bâtonnets à infuser, lampe brûle-parfum...) ;
- les bougies parfumées non labellisées biologiques ;
- les produits à base d'huile essentielle à brûler ;
- les bombes et sprays désodorisants d'intérieur et de W.-C.

Les cocktails chimiques explosifs qu'ils contiennent les rendent, pour la plupart, cancérogènes et allergènes, en plus de déséquilibrer notre système hormonal. Comme toujours, c'est la dose qui fait le poison ; au quotidien ces polluants sont plus que redoutables !

EN PRATIQUE

Les encens : on les encense, ils nous enfument ?

Des fumées toxiques ! L'encens comme les bougies, en brûlant, émettent des particules (comme le monoxyde de carbone) qui, couplées à des substances comme le benzène ou le formaldéhyde dans des quantités importantes ou de façon récurrente, provoquent des troubles respiratoires parfois chroniques et augmentent les risques de cancer. L'inverse de ce qu'on cherche en utilisant de l'encens !

Une utilisation traditionnelle : l'huile d'encens est extraite de la résine de l'arbre à encens qui pousse principalement au Yémen, à Oman, en Éthiopie et en Somalie, et qui est aujourd'hui en voie de disparition.

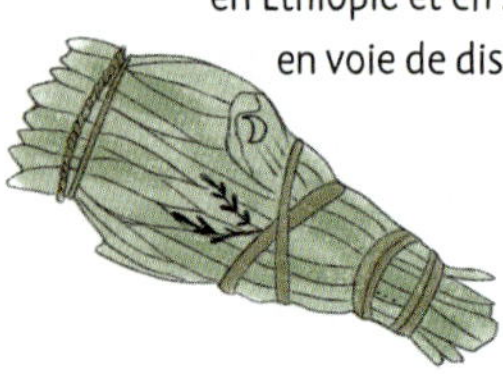

Des bâtons chimiques ! Les analyses effectuées par les autorités de santé dans différents pays montrent que la plupart des bâtonnets d'encens contiennent davantage de produits chimiques que de résine naturelle, ce qui augmente les facteurs de risque pour la santé.

OK à l'huile essentielle d'encens ! Sous la forme d'huile essentielle et non en combustion, l'encens a des vertus multiples pour la santé : antiseptique, astringente, cicatrisante, digestive, diurétique. L'huile essentielle d'encens a peu d'effets secondaires et se marie très bien avec d'autres huiles essentielles en aromathérapie. Vous pouvez coupler la diffusion d'une huile essentielle d'encens avec celle d'une huile essentielle d'agrumes, de bergamote ou de lavande fine de Provence. C'est sous cette forme qu'il convient d'utiliser l'encens.

Vers un intérieur frais, pur et sain

Une maison avec un air sain est une maison aérée quotidiennement au moins 30 minutes. Les plantes sont également un excellent moyen de purifier votre intérieur (voir page 218). En complément, j'utilise l'aromathérapie pour purifier davantage mon intérieur, prévenir les maux du quotidien (rhumes, insectes, nausées, mal des transports) et renforcer mon système immunitaire.

Les huiles essentielles

Les huiles essentielles ont connu une utilisation exponentielle ces dernières années et il n'est pas rare d'en retrouver un peu partout. Pourtant, et même si elles présentent de nombreuses vertus, elles sont aussi de vraies molécules médicinales à ne pas utiliser à la légère !

Utiliser les huiles essentielles

D'abord, la plupart des huiles essentielles sont contre-indiquées pendant la grossesse, l'allaitement, pour les personnes épileptiques et les enfants de moins de 7 ans. D'autre part, leur production et leur utilisation ne sont pas anodines. De nombreuses entreprises ont développé leur commerce autour des huiles essentielles sans prendre en compte l'équilibre et le rendement des plantes, les variétés, les espèces menacées et l'origine des essences, allant parfois au bout du monde pour quelques gouttes d'huile. Enfin, leur concentration est tellement forte qu'elles peuvent déséquilibrer les écosystèmes avec lesquels elles sont en contact. C'est pourquoi il convient de toujours les éviter dans les produits ménagers et cosmétiques qui ont vocation à finir dans les eaux usées, où elles détruisent les nappes phréatiques au même titre que l'eau de Javel. Faites-vous porte-parole de cette cause et n'hésitez pas à informer votre entourage à ce sujet, car il n'est pas rare que des recettes de produits ménagers à faire soi-même contiennent de l'huile essentielle de lavande ou de citron !

Par ailleurs, une huile essentielle peut être utilisée de différentes façons, tout dépendra de l'essence en question :

- en diffusion atmosphérique ou en inhalation ;
- comme actif cosmétique et pour parfumer vos produits qui ne finiront pas dans l'eau ;
- en parfumerie ;
- en application cutanée et en massage ;
- par voie interne ;
- en cuisine.

L'ASTUCE DE NOISETTE

La mention « complète » ou « entière » signifie que la plante a été distillée suffisamment longtemps pour récupérer l'ensemble de ses molécules aromatiques.

Chaque fois que vous souhaiterez utiliser une huile essentielle, vérifiez toujours quels sont le dosage recommandé et les précautions d'emploi. Par exemple, certaines huiles essentielles sont photosensibilisantes – c'est le cas des huiles d'angélique, de bergamote, de céleri, de verveine citronnée et d'agrumes (citron, mandarine, orange, orange sanguine et pamplemousse). L'application cutanée ou la prise orale de ces huiles contenant des furocoumarines provoque, sous exposition solaire, des réactions cutanées telles que des coups de soleil ou des brûlures. Évitez absolument de vous exposer au soleil durant les 8 à 12 heures qui suivent l'utilisation de ces huiles.

EN PRATIQUE

Comment choisir son diffuseur d'huiles essentielles ?

Pour diffuser les huiles essentielles avec efficacité, sans les dénaturer et en préservant tous leurs bienfaits, on mise sur la diffusion à froid. On optera donc entre ces deux modèles de diffuseur :

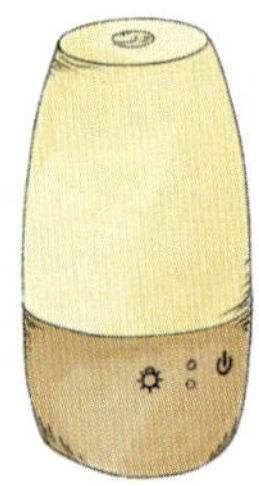

Le diffuseur par ultrasons

Il permet de disperser à froid dans l'atmosphère une fine brume d'eau chargée d'huiles essentielles. Il a l'avantage d'une diffusion plus douce, adaptée aux personnes sensibles. Il joue aussi un rôle d'humidificateur d'air, pour favoriser le confort respiratoire, aussi bien en hiver lorsque le chauffage assèche l'air ambiant qu'en été pour rafraîchir l'atmosphère.

Le diffuseur par nébulisation

Idéal pour une diffusion puissante et silencieuse, c'est l'appareil le plus adapté pour diffuser les huiles essentielles de façon efficace dans les pièces et vous faire profiter pleinement de tous leurs bienfaits. Il diffuse les huiles essentielles à froid, sans les dénaturer, préservant ainsi toutes leurs propriétés. Le *must* pour les passionnés d'aromathérapie !

EN PRATIQUE

Huile essentielle, mon kit SOS !

On retrouve dans les huiles essentielles certaines molécules présentes dans de nombreux médicaments ; elles peuvent donc accompagner notre quotidien pour soigner naturellement de petits bobos sans avoir recours aux antibiotiques lorsqu'ils ne sont pas nécessaires.

Comment adopter les huiles essentielles ?

- Optez toujours pour une huile essentielle bio (sans résidu de pesticides) et non diluée. Le prix peut paraître plus cher mais l'investissement est rentable – un flacon compte près de 500 gouttes.
- N'utilisez pas d'huiles essentielles d'essences et de variétés menacées d'extinction.
- Choisissez des marques transparentes sur les lieux de récolte et la distillation.
- Prenez conseil auprès d'un aromathérapeute et respectez toujours les dosages et les précautions d'usage.

Huile essentielle	Bienfaits	Utilisation
Menthe poivrée bio de Provence	• Antinausée • Prévient les maux de tête • Soulage les crampes et les douleurs des menstruations • Réduit le tabagisme • Décongestionne le nez	Cutanée : 1 goutte à l'intérieur des poignets à respirer profondément 5 fois de suite ou 1 à 3 gouttes à répartir sur le milieu du front, sous le nez et dans la nuque en cas de maux de tête ou de mal des transports, ou pour diminuer le tabagisme. Diffusion : 4 à 6 gouttes dans le diffuseur ou sur un mouchoir en inhalation.
Citron bio	• Antiseptique et bactéricide • Purifie l'air • Prévient la fatigue digestive • Tonique et dynamisante	Diffusion : 4 à 6 gouttes dans le diffuseur ou sur un mouchoir en inhalation. Cuisine : apporte une saveur de zestes de citron au plat. *HE* photosensibilisante.*

*Huile essentielle

À savoir :

- Le curcuma frais est aussi un excellent anti-inflammatoire, vous pouvez l'ajouter à vos jus si vous disposez d'un extracteur, vous faire un lait d'or ou des légumes au curcuma en automne-hiver !

Huile essentielle	Bienfaits	Utilisation
Tea tree (arbre à thé) bio	• Antibactérienne majeure à large spectre • Antifongique très efficace • Antiparasitaire	Cutanée : en cas de bouton (fièvre, acné, champignon) en application locale à l'aide un Coton-Tige, 2 gouttes jusqu'à 6 fois par jour pendant 2 à 3 jours. Voie interne : en cas de sinusite ou d'angine, 2 gouttes sur un morceau de sucre, 2 fois par jour pendant 3 jours.
Ravintsara bio	• Antivirale puissante, surtout sur la sphère respiratoire • Stimulante immunitaire • Favorise la respiration • Désencombre les voies respiratoires • Antibactérienne	Diffusion : 4 à 6 gouttes dans le diffuseur ou sur un mouchoir en inhalation. Cutanée : dans un baume respiratoire maison (en mélangeant 3 c. à soupe de beurre végétal avec 22 gouttes de Ravintsara).
Ylang-ylang bio ou néroli bio	• Apaise l'anxiété et le stress • Aide à se relaxer • Favorise le sommeil • Baisse la tension artérielle et le rythme cardiaque	Cutanée : 1 goutte sur le plexus solaire à répéter au besoin en cas d'anxiété. Dans la limite de 6 gouttes par jour. Diffusion : 4 à 6 gouttes dans le diffuseur ou sur un mouchoir en inhalation
Lavande fine de Provence bio	• Décontractante musculaire • Apaisante, anti-inflammatoire • Calme et équilibre le système nerveux	Diffusion : 4 à 6 gouttes dans le diffuseur ou sur un mouchoir en inhalation. Cutanée : mélanger 14 gouttes de lavande, 10 gouttes de Ravintsara et 7 gouttes de menthe poivrée dans un roll-on, à appliquer sur les poignets

Je mesure mes progrès

pour le ménage

	jour 1	à 6 mois	au bout de 1 an
J'ai changé mes repères sur ce que signifie vraiment le mot « propreté ».	○	○	○
Une fois mes produits ménagers industriels terminés, je passe aux alternatives éthiques.	○	○	○
J'adopte des brosses pour le ménage plutôt que des accessoires jetables.	○	○	○
Je fabrique ma lessive maison.	○	○	○
J'utilise un adoucissant au vinaigre d'alcool.	○	○	○
Je fais la vaisselle de manière naturelle.	○	○	○
J'utilise du savon de Marseille véritable.	○	○	○
J'utilise un détachant maison au percarbonate.	○	○	○
Je réalise mes galets W.-C. maison.	○	○	○
J'utilise les huiles essentielles de manière adaptée et j'ai adopté le « kit SOS ».	○	○	○
J'ai supprimé les parfums d'intérieur chimiques.	○	○	○

le quotidien

Deux cents jours par an, c'est en moyenne le temps que nous passons au bureau chaque année. Je ne pouvais pas ignorer cet aspect de notre quotidien ! Dans cette partie, nous allons donc parler des petites habitudes de tous les jours pour que notre démarche de vie *slow* ne s'arrête pas aux quatre murs de notre maison.

Travailler *slow*

Travailler plus *slow*, c'est d'abord comprendre qu'on peut être efficace sans s'épuiser, que l'on peut atteindre ses objectifs en travaillant moins, parfois plus lentement, mais surtout que cela demande de travailler différemment. Cette réflexion de fond sur notre façon de travailler amène souvent une remise en question qui nous invite à mettre le travail à sa juste place, à doser notre effort, à travailler plus intelligemment (plutôt qu'avec excès jusqu'à l'épuisement) et à s'octroyer chaque jour des temps de pause pour préserver notre équilibre et notre énergie dans la durée.

Être productif en travaillant différemment

- Travaillez avec intelligence et sans excès : l'efficacité n'est pas proportionnelle au nombre d'heures que vous consacrez à une tâche ou que vous passez au bureau.
- Simplifiez vos tâches : adoptez une approche minimaliste de l'action pour économiser votre énergie. Visez l'essentiel et la simplicité dès que vous le pouvez. Gardez en tête que complexifier la tâche ne rend pas plus efficace et qu'un travail qui demande peu d'efforts n'en est pas moins méritant ! Posez-vous régulièrement ces deux questions : « Comment puis-je obtenir les mêmes résultats, voire de meilleurs résultats, en réduisant mes efforts ? » « Que puis-je faire pour simplifier mon travail ? »
- Sortez du conditionnement de la culture de l'urgence et de l'immédiateté pour viser des résultats durables et de plus grande valeur : prenez par exemple un temps de réflexion, chaque matin, avant de démarrer votre journée et d'entrer de plein fouet dans la phase opérationnelle, pour définir vos trois à cinq grandes priorités du jour. Lorsqu'un collègue vous confie une mission, demandez-lui toujours : « Est-ce urgent ou important ? » Le premier est un critère de temps, le second, de priorité. Ils sont souvent confondus et sont facteurs d'un stress permanent.
- La concentration est une intention claire : en travaillant chaque jour avec des intentions claires, vous parviendrez plus facilement à discerner vos priorités et à centrer votre effort sur l'action seule, sans éparpiller et disséminer votre énergie. De la même manière, en choisissant consciemment la voie du calme et en optant, autant que possible, pour la sérénité au travail, vous apprendrez à cultiver votre calme intérieur en toutes circonstances, même lors d'une crise. Grâce à cette qualité, vous deviendrez un pilier au sein de votre équipe car peu de personnes parviennent à se maîtriser ainsi.

- Trouvez le juste équilibre : personne, en effet, ne peut tenir en « marche forcée » ni faire l'impasse sur le repos (vous l'avez peut-être découvert en faisant le test de votre niveau de bien-être page 113). C'est précisément le respect de cette alternance entre activité et repos compensateur qui nous permet, au travail notamment, de rester calme sous la pression, mais aussi de stimuler et d'entretenir notre créativité.
- Le mythe des grandes décisions : l'idée que certaines décisions ont des conséquences énormes, qui vont durer des mois, est une croyance sans fondement. On n'atteint un grand objectif qu'au terme d'un processus composé de petits objectifs et tâches accomplis dans le temps. Ainsi, chaque fois que vous donnez trop de poids à des microdécisions, vous ralentissez le processus de prises de décision et vous vous bloquez. La crainte de ce que les autres pensent peut aussi créer un blocage chez vous. Si c'est votre cas, gardez à l'esprit que les autres sont trop préoccupés par leurs propres décisions, leur propre vie pour s'occuper des vôtres. Vous êtes la seule personne à pouvoir agir et tirer les conséquences de vos actions.
- Changez votre perception de l'erreur : la peur de prendre de mauvaises décisions peut également être un frein. Pourtant, la seule manière de progresser et de s'améliorer est d'agir, de faire des choix et de voir le résultat qu'ils produisent. N'hésitez pas à sélectionner la meilleure option en fonction de vos expériences et des ressources disponibles. Même si cela n'était pas une bonne piste, vous aurez appris de cette expérience et vous serez plus efficace et plus réactif face à de nouvelles situations.

N'avez-vous jamais remarqué qu'en faisant une tâche avec plaisir, vous gagnez en motivation et en efficacité ? Je crois avec détermination qu'en mettant en avant le plaisir, la joie et la créativité dans le milieu professionnel, on améliore la cohésion d'équipe et les valeurs humaines de l'entreprise, ce qui nous fait tous gagner en productivité !

EN PRATIQUE

7 conseils pour travailler plus *slow*

S'échapper : profitez des tâches mécaniques et répétitives pour vous échapper dans un livre audio ou un podcast inspirant. Il m'est arrivé maintes fois d'avoir l'impression d'être à l'autre bout du monde simplement parce qu'un roman m'avait mentalement dépaysée.

Se reposer : faites une sieste de 10 minutes après le repas. Pas besoin d'un lit, croisez simplement les bras sur votre bureau, posez votre tête dans le creux de vos bras, fermez les yeux et reposez-vous.

Apaiser son système nerveux : remplacez le café par une boisson qui stimule moins votre système nerveux, comme le thé, la tisane, le matcha ou la chicorée.

Se mettre en action : commencez tout de suite et cherchez la perfection ensuite. Je me répète sans arrêt ce mantra britannique « *Better done than nothing* » (« mieux vaut fait, que rien du tout »). Notre tendance à vouloir tout rendre parfait avant de réaliser les choses (une sorte de « précrastination ») nous pousse à remettre à plus tard et à manquer des occasions.

Adopter la bonne position : optez pour un bureau ergonomique afin de soulager les tensions musculaires. Placez votre écran à la bonne hauteur. Utilisez un clavier adapté si vous écrivez beaucoup. Pensez aussi aux douleurs liées aux nombreuses heures passées en position assise. Travailler debout encourage le mouvement, et renforce les muscles des jambes et du dos. Personnellement, j'essaie d'alterner les positions assise et debout lorsque je travaille.

Soigner son hygiène de vie : votre énergie vient de votre hygiène de vie. En améliorant votre alimentation et votre mouvement, vous mettez toutes les chances de votre côté pour garder un esprit affûté et créatif !

Tenir compte de la surcharge cognitive : évitez de perdre du temps avec des activités peu productives qui ne reposent pas. Je pense par exemple à l'utilisation du numérique et des réseaux sociaux avec le *scroll* infini (nous en reparlerons plus loin dans cette partie) ; ces activités sont chronophages et énergivores !

Encourager les gestes durables

L'association Zero Waste France[1] a partagé différentes études de terrain qui révèlent que « 83 % des collaborateurs pensent que la gestion des déchets n'est pas optimale » dans leur bureau, et « 96 % des collaborateurs sont disposés à changer certaines procédures de travail pour améliorer le système de tri[2] ». Globalement, nous pouvons donc garder à l'esprit que beaucoup de nos collègues sont disposés à agir ! Ainsi, si vous remarquez sur votre lieu de travail des changements à apporter qui sont hors de votre contrôle, vous pouvez ouvrir le dialogue afin de faire évoluer certaines habitudes. Toutes les petites améliorations sont bonnes à prendre : celle d'opter pour une machine à café à grains plutôt qu'une machine à capsules, des tasses personnelles plutôt que des gobelets jetables... Il me semble que si votre attitude est bienveillante et que vous montrez un exemple serein et équilibré, vous encouragerez positivement les autres à opérer eux aussi ces changements !

Quelques gestes simples pour un cadre de travail plus *slow*

- Offrir des plantes dépolluantes à ses collègues pour les fêtes de fin d'année.
- Investir et remplacer par des substituts durables : la machine à café à capsules par une machine à grains, la vaisselle jetable par de la vaisselle de récupération ou d'occasion...
- Organiser un compostage sur le site à l'aide d'une association locale.
- Investir dans du matériel informatique reconditionné.
- Penser local : sur beaucoup d'aspects, les entreprises gagneraient à interagir directement avec des entreprises de proximité pour créer une économie circulaire, locale et favorable à chaque acteur.
- Échanger régulièrement ses idées avec ses collègues et garder l'esprit ouvert, les autres ont sûrement beaucoup à vous apporter sur votre chemin !
- Trier les déchets : c'est une obligation légale pour une entreprise de plus de vingt salariés. Ne pas hésiter à afficher des consignes de tri claires et détaillées pour éviter les erreurs.
- Pour le coin fumeurs : il est possible d'organiser des collectes de mégots en partenariat avec des associations et entreprises spécialisées qui les recyclent et les revalorisent, comme Cy-clope, MéGO! ou GreenMinded. Pour encourager les bons comportements de manière ludique, il suffit de placer deux boîtes transparentes pour récolter les mégots, surmontées d'une pancarte

---

1. C'est une association qui vise à démocratiser la démarche zéro déchet en France. Elle propose énormément de ressources et de supports gratuits, que je vous invite à consulter : https://www.zerowastefrance.org

2. Riposte Verte, Observatoire du bureau responsable, enquête « Quelle gestion des déchets au bureau ? » réalisée en avril 2017 auprès d'organisations de toutes tailles et tous secteurs, comptabilisant 1104 réponses : https://www.riposteverte.com/sites/default/files/documents/Observatoire/OBR_2017_Livret_Etude_dechets.pdf

posant une question qui appelle à mettre son mégot dans l'une ou l'autre des urnes (que vous pourrez changer chaque mois), à la manière d'un sondage, comme « Vacances : mer ou montagne ? », « Pain au chocolat ou chocolatine ? »... Vous trouverez ce type de cendriers ludiques chez Cypao.
- Mettre à disposition une boîte de collecte de tri de TerraCycle pour les fournitures de bureau.

Organiser ses repas au travail

Si vous avez une cafétéria sur votre lieu de travail, essayez de privilégier les aliments présentés dans des contenants durables (bols, ramequins) plutôt que des contenants jetables en plastique. Toutefois, si l'offre (par exemple les alternatives végétales) et la qualité des aliments (en termes de localité, de mode de culture ou de goût) ne vous conviennent pas, je ne saurais que vous encourager à apporter votre repas. En effet, préparer son repas est souvent bien plus rentable économiquement et écologiquement (cela évite le gâchis alimentaire de la cantine de l'entreprise, permet de contrôler la provenance des aliments, etc.). Le fait de cuisiner à l'avance ses repas pour la semaine porte le nom de « *batch cooking* ». Cette méthode, si elle est bien exécutée, permet d'éviter le gâchis alimentaire et l'éternelle question : « On mange quoi ce soir ? »

S'inspirer du *batch cooking*

Personnellement, j'apprécie de cuisiner au quotidien, je ne suis donc pas une adepte du « tout » *batch cooking*. Toutefois, je crois qu'il est bon de s'en inspirer pour réaliser de petites préparations polyvalentes pour la semaine, ou encore pour prévoir les repas du déjeuner. Ainsi, je prends toujours 2 heures le dimanche pour :
- pâtisser de petits goûters simples et sains pour la semaine ;
- prétremper les légumineuses et cuire quelques céréales complètes ;
- préparer ma boisson végétale à l'avoine (voir page 22) ;
- préparer mes aides culinaires (sauces, vinaigrettes, veganaises), que je verse dans des bocaux hermétiques et place au frigo avec la date de la préparation et la durée de conservation optimale (3 jours maximum pour les sauces, environ 2 semaines pour la vinaigrette et 1 semaine pour la veganaise – si faite avec de la moutarde de Dijon) ;
- préparer mes desserts végétaux maison (en indiquant dessus la date de préparation et la durée de conservation optimale – environ 5 jours au frais) ;
- préparer un plat « gourmand » comme des lasagnes aux légumes, une quiche, un cake, un gratin... Je garde quelques portions pour la semaine et congèle le reste pour les repas express.

Ainsi, le soir, la confection des repas ne me prend qu'une vingtaine de minutes, car il ne me reste qu'à couper les légumes et à faire réchauffer mes préparations.

EN PRATIQUE

Composer sa trousse sans déchet

Je ne sors jamais de chez moi sans ma « trousse sans déchet », c'est le moyen le plus efficace d'éviter les déchets inutiles au quotidien. Je l'ai composée avec le temps, après avoir été confrontée à des déchets que j'aurais pu éviter. Le petit plus : je me suis rendu compte qu'elle sensibilisait naturellement les gens autour de moi.

Une gourde remplie d'eau : elle permet d'éviter l'achat de bouteilles en plastique et de s'hydrater tout au long de la journée.

Un gobelet : je peux grâce à cela servir à boire à un proche qui m'accompagne, ce qui lui évite l'achat d'une bouteille ; il permet aussi de ne pas utiliser de gobelet en plastique en terrasse. Enfin, lorsque je commande une boisson à emporter, je peux demander à ce qu'elle soit versée dedans.

Une paire de couverts : elle est composée soit de couverts pliables soit d'une pochette avec des couverts en bois. Elle me permet de toujours pouvoir manger sur le pouce ou en pique-nique sans avoir besoin d'acheter des couverts en plastique.

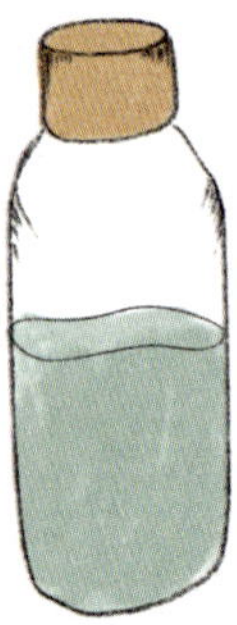

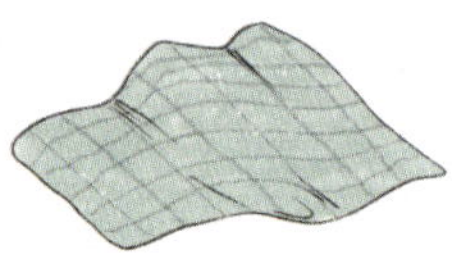

Une serviette en tissu : ainsi, j'évite les mouchoirs jetables. Extrêmement pratique aussi contre les liquides renversés et les taches, qui appellent très souvent l'utilisation de mouchoirs en papier jetables !

Un tote bag plié : lors d'une sortie, il peut arriver de faire un achat non anticipé et d'avoir besoin d'un sac en plastique ou en papier pour le transporter. Le fait de toujours garder sur moi un tote bag me permet de pallier ces situations.

Deux pailles en Inox : elles permettent d'éviter les pailles en plastique au restaurant, en terrasse et avec les boissons à emporter. C'est un indispensable ! Pensez toujours à préciser au serveur au moment de la commande : « Sans paille. » J'en prends toujours deux pour pouvoir en prêter autour de moi.

J'ajouterais aussi un Thermos si vous avez l'habitude de voyager ou de prendre des boissons à emporter. Sachez que certains *coffee shops* proposent un rabais si vous apportez votre contenant. Enfin, quand vous commandez un café, précisez toujours « tout nu » afin de ne pas recevoir en plus un biscuit ou un sucre dans un emballage individuel.

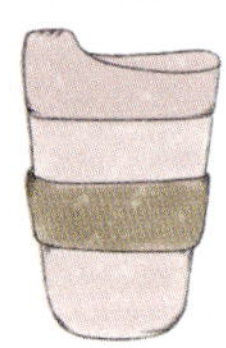

Le minimalisme numérique

Avec l'expression « minimalisme numérique », je ne pense pas au design digital épuré du dernier smartphone, je parle du minimalisme dans sa dimension *slow*, c'est-à-dire visant la simplicité et la qualité plutôt que la quantité. Le digital fait partie des domaines où nous avons largement tendance à accumuler ; il est grand temps de faire du tri dans nos appareils numériques, comme on l'a fait dans le reste de la maison ! Par ailleurs, lorsqu'on pense « qualité » du digital, on est en droit de se demander quel est l'impact de notre consommation numérique sur nous-mêmes (notre cerveau, notre mode de vie), sur la société (nos relations sociales), mais aussi sur l'environnement !

Impact et démarches conscientes

On parle en sciences humaines (en sociologie, en sciences du langage ou en communication) de « surcharge informationnelle », de « surinformation » ou encore d'« infobésité ». Ces termes se rejoignent tous pour définir un concept désignant la dose maximale d'informations qu'une personne peut traiter ou supporter sans se nuire ou nuire à son activité. Il faut comprendre par cela que notre cerveau sature ; il surchauffe par excès d'informations. Cette surcharge cognitive, nous la vivons tous, tous les jours. Je crois qu'il est donc temps d'en prendre conscience, pour protéger notre cerveau de cette surchauffe, nous permettre de garder notre libre arbitre et continuer de prendre plaisir à utiliser le digital.

Les « infos poubelle » peuvent avoir des répercussions sur notre santé physique ou émotionnelle (de nombreuses études révèlent qu'elles provoquent stress et anxiété informationnelle). Certaines personnes ne peuvent plus se déconnecter par peur de manquer quelque chose : c'est une anxiété qu'on appelle « *fear of missing out* ». Ces infos poubelle provoquent aussi des troubles intellectuels, comme les syndromes de débordement cognitif ou d'épuisement professionnel, la cyberdépendance ou le syndrome de désengagement (avoir l'impression d'être blasé de tout, de ne pas savoir quoi faire en fin de journée ou après plusieurs heures face au digital).

L'ASTUCE DE NOISETTE

Les enfants ont une plasticité cérébrale qui les rend encore plus sensibles aux écrans ! Lorsque j'étais enseignante, j'observais un réel déficit d'attention et de créativité ainsi que des pertes de mémoire chez les enfants qui utilisaient beaucoup les écrans.

Dépendance aux algorithmes

Les algorithmes sont devenus des fantômes invisibles qui influencent subtilement nos choix et nos gestes quotidiens. Ils dictent ce que nous trouvons sur le Web, nous soufflent à l'oreille quoi lire, quoi manger, quoi craindre... Continuellement abreuvés par les milliards de traces que nous laissons sur Internet, les algorithmes en connaissent plus sur nos habitudes et nos routines que nos amis. Mais ne mettons pas tous les algorithmes dans le même sac. Ce qui m'interroge, c'est la prolifération des algorithmes prédictifs, ceux qui, à force d'avoir calculé et analysé les comportements humains, jouent à « madame Irma ». Prenons un exemple, d'apparence anodine : les autocorrecteurs, que nous utilisons tous. S'ils se révèlent pratiques au quotidien, il est nécessaire de garder à l'esprit qu'ils possèdent aussi des biais idéologiques que nous devons questionner, car ces biais censurent certaines requêtes. Essayez de taper dans votre iPhone le mot « avortement » : vous serez surpris de découvrir que le correcteur d'orthographe ne le connaît pas. Nous assistons aujourd'hui à la mainmise invisible de plusieurs de ces algorithmes qui échappent à la perception des citoyens[1]. C'est une problématique que je souhaite soulever. Ne devons-nous pas essayer de limiter notre utilisation du digital afin de contrôler l'impact de ces algorithmes sur nos vies ?

La *digital detox*

Après avoir lu le point précédent, peut-être prenez-vous conscience de l'impact qu'a le numérique dans votre quotidien, ou peut-être cela confirme-t-il simplement un constat que vous aviez déjà observé. Vous avez envie de limiter l'impact du digital dans votre vie pour ne plus continuer à saturer ? Vous n'êtes pas seul ! Beaucoup d'entre nous ont recours à une *digital detox* pour se désintoxiquer de la surcharge cognitive engendrée par le numérique. Lors d'une *digital detox*, on a souvent peur de s'ennuyer ; cette idée vient du fait que lorsque le cerveau est surstimulé, il se sent occupé. Couper tout stimulus digital peut provoquer un effet semblable à celui observé lors d'un sevrage. Dès lors, il faut laisser un temps suffisant au cerveau pour se désaccoutumer, lâcher prise et reprendre un rythme cérébral normal et sain (au moins 7 jours).

Personnellement, je réalise cette *digital detox* régulièrement ; si vous aussi, vous travaillez quotidiennement sur ordinateur, que vous exercez un métier du digital, je vous conseille de faire au minimum une *digital detox* tous les

---

1. Voir le scandale Facebook-Cambridge Analytica : l'exploitation frauduleuse des données de 87 millions d'utilisateurs de Facebook pour influencer les intentions de vote en faveur d'hommes politiques aux États-Unis.

3-4 mois. C'est essentiel afin d'apprendre à reposer votre cerveau. Nous vivons avec une pression sociale à la connexion, qui s'illustre clairement lorsqu'on annonce qu'on fait une *digital detox* : nombreux seront les interlocuteurs qui riront face à ce choix, arguant qu'ils arrivent à poser leurs limites, que c'est clairement une tendance. Je pense que c'est surtout un problème sanitaire de société croissant qu'on prend trop à la légère, et que beaucoup de personnes auraient besoin de se déconnecter plus souvent sans réussir à se l'avouer !

De la *digital detox* au minimalisme numérique

Faire le bilan de son utilisation du numérique

Je vous encourage vivement à faire un bilan complet, en observant le temps d'une semaine vos utilisations quotidiennes du digital. Quand prenez-vous votre téléphone ? quand il vibre ? ou même quand il ne vibre pas pour consulter ce que vous avez peur d'avoir manqué ? C'est un bon moment pour faire une introspection. N'hésitez pas non plus à en discuter avec vos proches : comment perçoivent-ils votre utilisation du digital ? Comment perçoivent-ils leur utilisation ? Cela peut aussi être l'occasion d'en discuter avec les plus jeunes en famille, et de mettre des mots sur certains « bons réflexes ». Une fois ce premier constat opéré, il va être temps d'agir pour ancrer une nouvelle organisation et trouver vos solutions, celles qui stabiliseront votre rapport au digital dans le temps. Car quel est l'intérêt de faire une détox si c'est pour ensuite faire le yo-yo ? Il est donc pertinent de mettre en exergue les éléments digitaux qui sont indispensables, par rapport à ceux qui vampirisent votre temps et votre attention !

Faire du tri dans ses applications

Je pense qu'on peut tous dire qu'il existe trois types d'applications :

- Celles qui sont utiles et font gagner du temps : on les garde ! Elles n'accaparent pas tellement d'attention et nous facilitent la vie. Je pense par exemple aux applications de banques, de cartographie, de calcul, de transport, de photographie, de location de logement...
- Celles qu'on utilise peu ou jamais : on les supprime ! Est-ce vraiment utile de garder l'application de transport d'une de vos destinations de vacances ? celle d'un centre commercial où on ne met plus les pieds ? d'un magasin qu'on peut trouver en ligne ?
- Celles qui monopolisent notre attention sans qu'on arrive à s'arrêter : on les supprime ! Celles qui ne nous rendent pas heureux, nous font ressentir de la culpabilité, de la jalousie ou un mal-être. Celles qui sont énergivores !

TEST

Ai-je besoin d'une *digital detox* ?

J'ai mis en place ce test en observant mes propres comportements ainsi que ceux de mes proches, en évoquant aussi les différentes problématiques liées au digital autour de moi. Si vous cochez 5 phrases ou plus, il est peut-être temps de penser à modifier certaines habitudes pour rééquilibrer votre rapport au digital.

- ◯ Est-ce que mon téléphone est mon réveil ?
- ◯ Mon téléphone est la première chose que j'attrape au réveil.
- ◯ Je consulte mon téléphone pendant le petit déjeuner et j'ai une explication pour cela (je dois vérifier mes e-mails, consulter mes notifications...).
- ◯ Je n'éteins jamais mon téléphone portable.
- ◯ Je suis sur plusieurs écrans à la fois : je regarde la télé tout en consultant mon téléphone ; je regarde l'ordinateur tout en consultant mon téléphone...
- ◯ Je rafraîchis le *feed* d'un réseau social ou d'un site sans but précis, sans recherche intentionnelle (Instagram, Facebook, Snapchat, TikTok, Vinted, Leboncoin...).
- ◯ J'utilise mon téléphone à tous les moments d'attente (aux W.-C., dans l'attente d'un transport, avant un rendez-vous...).
- ◯ Je ne sors jamais sans mon téléphone.
- ◯ J'ai l'impression de m'ennuyer alors que plusieurs activités se présentent à moi ; je me sens blasée et n'arrive pas à choisir.
- ◯ Mon téléphone est le dernier objet que j'ai dans les mains avant de dormir.

L'ASTUCE DE NOISETTE

Si cela vous intéresse, vous retrouverez sur *laptitenoisette.com* un article complet sur l'impact psychologique des couleurs[1].

Supprimer les notifications

Pour les applications que vous conserverez, je vous conseille de désactiver toutes les notifications. Cela sera déstabilisant au début de ne plus recevoir de notifications mais, avec le temps, on se rend compte qu'ouvrir une application doit être un choix personnel et pas seulement un réflexe après avoir entendu vibrer ou sonner son portable. Personnellement, depuis que je n'ai plus de notifications, j'ai réussi à diviser par deux le temps que je passe sur mon smartphone. Il faut savoir qu'on consulte son smartphone en moyenne cinquante fois par jour, et je suis prête à parier que la plupart du temps, ce geste n'a pas de motif intentionnel mais qu'il est simplement dû à la fameuse notification ! N'oubliez pas, les algorithmes sont créés précisément pour vous garder le plus longtemps possible sur une application. La couleur des interfaces est analysée : la couleur bleue, par exemple, crée un sentiment de confiance qui nous encourage à rester connecté plus longtemps, tandis que le rouge crée un sentiment de passion.

Utiliser des objets dédiés non digitaux

Quelques actions toutes simples peuvent nettement changer les choses. Par exemple, pour ne plus se coucher avec son téléphone et se réveiller avec lui, je vous conseille d'investir dans un réveil qui vous réveillera en douceur, comme un réveil aux sons de la nature. De la même manière, utilisez une montre pour voir l'heure plutôt que votre téléphone, cela vous évitera d'ouvrir machinalement des applications.

Respecter l'humain, toujours le faire passer avant le digital

On assiste au développement d'une tendance : celle de porter plus d'attention au digital qu'à l'humain. Les Britanniques ont inventé le terme « *phubbing* », contraction de *phone* (« téléphone ») et de *snubbing* (« snober »). Cela consiste à regarder son smartphone lorsqu'on est au restaurant ou encore en réunion, au milieu d'une conversation, comme si finalement on snobait les personnes qui nous accompagnent. C'est désagréable, mais nous voyons tous de quoi il s'agit car nous y sommes confrontés tous les jours. C'est un message négatif qu'on envoie à nos cerveaux : l'humain compte moins. Pourtant nous avons le choix : si nous attendons un message important, on prévient et on s'excuse. De même, on respecte un savoir-vivre numérique en public et dans les transports, en coupant les sonneries intempestives et en s'isolant pour papoter au téléphone.

---

1. https://laptitenoisette.com/le-pouvoir-des-couleurs-sur-notre-vie-la-psychologie-des-couleurs/

EN PRATIQUE

Faire son tri digital

Il est primordial d'effectuer un tri régulier sur tous les appareils digitaux que nous possédons, afin de limiter notre impact environnemental. Nos activités numériques sont stockées sur d'énormes serveurs qui demandent une énergie considérable : il est donc important de garder à l'esprit que nous avons la responsabilité de trier nos déchets numériques, comme nous le faisons avec nos poubelles. Ne pas laisser des informations, des documents inutiles dormir sur un cloud « parce que c'est gratuit » est un geste *slow* utile !

- ◯ J'utilise un moteur de recherche gratuit et *slow* comme Ecosia (moteur de recherche écologique qui participe à la plantation d'arbres) ou Lilo (moteur de recherche solidaire qui aide à financer les projets associatifs de notre choix).
- ◯ J'utilise mes écrans et les applications en mode sombre, cela consomme moins de pixels et d'énergie, moins de serveurs.
- ◯ Je trie ma boîte d'e-mails et je ne garde QUE les e-mails indispensables.
- ◯ Je me désabonne de tous les e-mails/newsletters inutiles. Certaines applications comme Cleanfox (gratuit) automatisent le nettoyage de boîtes de réception.
- ◯ Je ne donne pas mon adresse e-mail à n'importe qui : je filtre mes abonnements et les e-mails que je reçois. Je choisis des échanges de qualité ou obligatoires (de type professionnel).
- ◯ Je supprime les SMS et les conversations inutiles des réseaux sociaux (les mises à jour de smartphones créent des sauvegardes qui pèsent aussi sur les serveurs).
- ◯ Je trie mes photos et les mets sur un disque dur externe, par exemple. Cela permet de ne plus les stocker dans un cloud.
- ◯ Je supprime tous les comptes inutiles (réseaux sociaux, sites...).
- ◯ Je supprime mon historique de recherche régulièrement et automatiquement.
- ◯ Je choisis de « désactiver les sauvegardes automatiques » (vous trouverez cela sous ces termes dans les paramètres de vos appareils, sur les sites et applications).
- ◯ Je supprime les adresses e-mail inutiles (par exemple une adresse e-mail universitaire, celle d'un ancien travail...).
- ◯ Je fais un tri dans mes abonnements Instagram, etc. pour ne suivre que des personnes qui conviennent à mes valeurs. Je supprime les « amis » Facebook avec lesquels je n'échange pas.
- ◯ Je ne synchronise pas mes contacts de réseaux sociaux sur mon téléphone (pour éviter de stocker encore plus de données sur des serveurs).
- ◯ Je désactive des applications ainsi que les envois d'e-mails automatiques.

L'impact du digital sur l'environnement

Entre l'obsolescence programmée des téléphones, les mises à jour trop lourdes et l'utilisation toujours croissante de la vidéo, il faut bien comprendre que le digital ne va pas cesser de détériorer notre planète ! Ainsi, dans cinq ans, le nombre d'utilisateurs numériques dans le monde sera de 5,5 milliards, contre 4,7 actuellement, et le nombre d'objets connectés sera multiplié par deux. La question de la responsabilité de chacun dans son utilisation numérique est donc une réflexion éco-consciente : « Comment puis-je limiter mon impact environnemental et adopter un comportement *slow* pour utiliser le digital ? » Comme toujours, il n'y a pas d'impact zéro, il ne s'agit pas de vivre dans une grotte, mais de prendre conscience que nos pratiques individuelles sont perfectibles. Le digital est ancré dans nos habitudes et un pan entier de notre économie repose dessus. Toutefois, en essayant d'adopter les bons comportements, à partir des actions proposées dans les pages précédentes, chacun peut réduire la pollution provenant de sa propre activité digitale.

Trier le bureau

Avons-nous réellement besoin d'autant de stylos, de Post-it, de surligneurs, de cahiers ? Il est important que chacun s'interroge sur ses besoins réels, afin de limiter la surconsommation. Pour rendre la consommation de fournitures moins automatique, vous pouvez prendre de nouvelles habitudes d'achat : privilégiez les fournitures essentielles pour votre activité (en supprimant le superflu), et si possible sous format rechargeable. Attention toutefois au rechargeable qui n'est jamais rechargé. Je pense par exemple aux critériums, qui sont rarement rechargés plus de deux fois et sont en plastique : l'utilisation d'un crayon de papier est alors largement plus écologique.

L'ASTUCE DE NOISETTE

En magasin d'art, les fournitures sont souvent en vrac, ce qui permet d'éviter les emballages inutiles.

Accessoires de bureau durables

Je suis personnellement une ancienne accro à la papeterie : collectionner les jolis carnets, blocs et stylos était une de mes petites lubies. Après avoir effectué un tri complet en septembre 2018, j'ai décidé de partir sur des fournitures éthiques pour mes futurs achats. Désormais, pour mes carnets et blocs, j'achète des collections limitées proposées par des créateurs ou illustrateurs indépendants pour soutenir leur travail. Pour m'organiser, j'utilise le My agenda version liseuse en coton bio et sa recharge annuelle proposés par My365[1]. J'utilise aussi leurs crayons de couleur fluo pour remplacer les surligneurs en plastique jetable. Enfin, plutôt que des stylos-bille divers, j'ai investi dans de bons stylos-plume. Pour ces derniers, je n'utilise pas de cartouche d'encre jetable mais une cartouche d'encre rechargeable à piston. C'est très économique et cela permet de recourir à un encrier avec une encre (de la couleur souhaitée) de qualité. Pour vos cartes de visite, pensez au papier ensemencé, chargé en petites graines à planter, vous éviterez les déchets inutiles ! J'ai réalisé les miennes chez la petite entreprise française Growingpaper. Pour le reste des accessoires dont vous pouvez avoir besoin, essayez toujours de privilégier le carton et le papier, qui pourront être recyclés, au plastique jetable, extrêmement mal recyclé, et ainsi éviter les arnaques du *greenwashing*[2].

Repenser votre activité professionnelle

Si après avoir lu tous ces conseils vous sentez que vous n'êtes pas en adéquation avec votre activité professionnelle, que vos croyances et votre travail ne sont pas ou plus en cohérence, alors il est peut-être temps d'explorer de nouveaux horizons, après tout vous n'êtes pas un arbre, vous pouvez bouger !
Pour vous aider dans ce processus de remise en question, vous pouvez vous aider du schéma pour trouver votre *ikigai* (voir page 216). *Ikigai* signifie littéralement « joie de vivre » et « raison d'être » en japonais. Il s'agit d'une méthode basée sur nos aspirations profondes pour trouver notre voie dans le monde. Même si votre activité professionnelle vous passionne, vous pouvez tout à fait réaliser votre *ikigai* pour mettre des mots sur vos besoins et vos envies au quotidien.

---

1. My365 est une entreprise rennaise qui propose des agendas de différents formats écoconçus en France. Elle propose aussi des opérations « zéro gaspi » avec des petits prix.
2. Je pense notamment aux produits qui indiquent utiliser des bouteilles recyclées pour créer des stylos, des cahiers ou divers ustensiles. En réalité, la proportion de plastique recyclé est minime dans le produit qui, à terme, ne sera aucunement recyclable. Rappelons que le plastique, contrairement au verre, ne peut pas être recyclé à l'infini.

Octobre
Mon défi du mois :
TODO :
Mes objectifs :

EN PRATIQUE

Réaliser son *ikigai* : trouver sa mission de vie !

À l'aide de ce schéma, examinez vos envies et votre activité quotidienne à la lumière de vos croyances et de vos aspirations profondes. À l'intersection de vos passions, de vos compétences et de vos qualités, de votre profession et de ce qui a du sens pour notre monde se trouve votre *ikigai*, votre mission de vie !

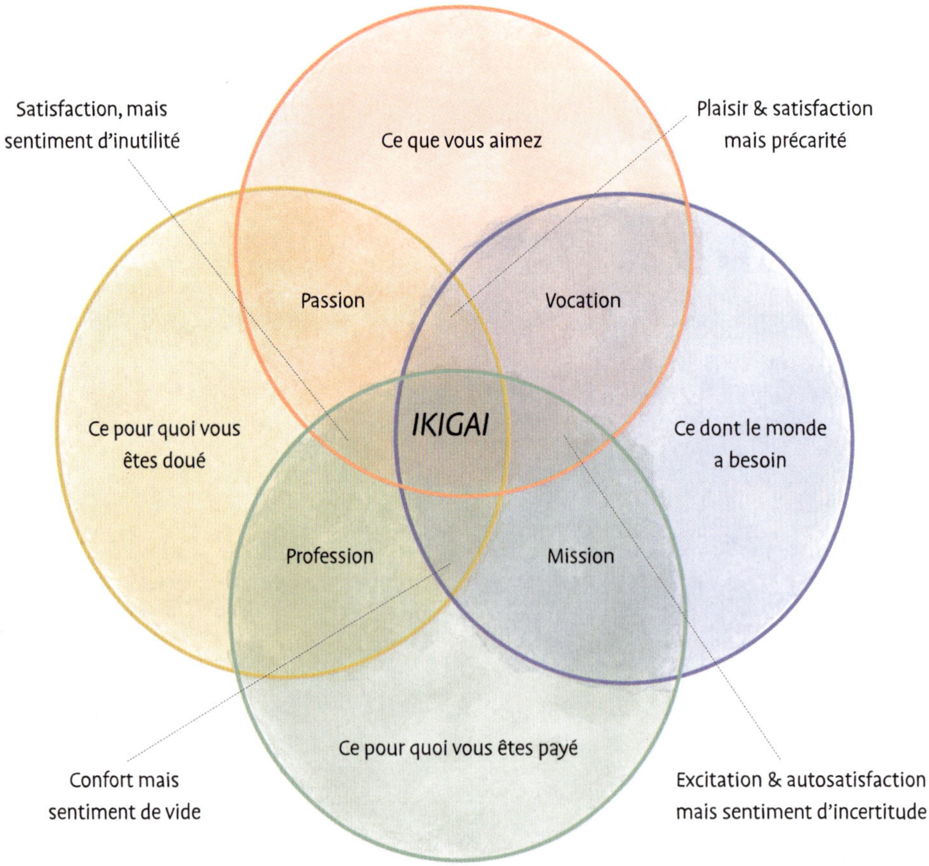

La nature, gratuite et indispensable

Comme l'illustre l'expression « prendre un bol d'air frais » que l'on emploie lorsqu'on sort pour échapper à une situation étouffante, la nature a cette force de nous permettre de lâcher prise, c'est pourquoi elle est essentielle à l'humain. Que vous pratiquiez comme moi la randonnée méditative, la course à pied ou que vous alliez juste promener votre chien, n'oubliez pas de profiter de ce temps pour vous échapper physiquement comme mentalement. Prenez le temps d'observer autour de vous les bruits, les couleurs et les odeurs, accordez-vous cette balade bien méritée. Comme pour la course à pied, il n'y a pas de mauvais début : dès que votre chiffre (distance ou temps passé) est supérieur à zéro c'est une victoire, car cela signifie que vous vous êtes mis en mouvement !

Reconnexion à la nature

Vous pouvez tout à fait vous reconnecter à la nature en l'intégrant simplement et plus régulièrement dans votre quotidien. Pourquoi ne pas investir dans des plantes vertes ? Elles apportent énormément de bénéfices à nos intérieurs. Certaines ont des vertus apaisantes qui favorisent le sommeil, d'autres purifient l'air. Les odeurs des fleurs et des plantes ont des effets importants sur notre système nerveux, apportant calme et relaxation.

La nature en ville

En ville, on a moins facilement accès à une certaine représentation de la nature. Pourtant, il ne tient qu'à nous d'améliorer et d'étendre la présence de la nature en ville, en faisant pousser des graines, réelles comme idéologiques : en s'opposant à la bétonisation lorsqu'une solution végétalisée est possible, en fleurissant nos fenêtres, nos maisons et nos balcons.

EN PRATIQUE

Les plantes d'intérieur dépolluantes

Les chercheurs ont découvert que la vue de la végétation améliore positivement notre humeur et diminue le stress, aucune raison donc de ne pas en intégrer davantage dans notre quotidien !

POTHOS
Cette plante, qui adore la suspension, humidifie l'atmosphère trop sèche et absorbe efficacement les polluants.
Emplacement : bureau ou pièce fraîchement repeinte.
Absorbe : formaldéhyde et monoxyde de carbone (peintures, produits ménagers, appareils de chauffage, fumée de tabac).

CHLOROPHYTUM (PLANTE ARAIGNÉE)
Simple et robuste, c'est une des plantes les plus performantes pour l'oxygénation d'une pièce ainsi que pour l'absorption des émanations toxiques.
Emplacement : pièce lumineuse mais sans soleil direct.
Absorbe : monoxyde de carbone, xylène et formaldéhyde (peintures, agglomérés, fumée de tabac, produits ménagers).

AGLAONEMA
Même avec une faible luminosité, cette plante touffue est bien dépolluante. Elle augmente son pouvoir absorbant quand elle grossit et se cultive facilement.
Emplacement : entrée et pièce sombres, supportant le chauffage et la climatisation.
Absorbe : formaldéhyde, benzène, toluène (peintures, colles, détachants, bois).

CHAMAEDOREA (PALMIER NAIN)
Ce palmier nain est une des plantes les plus efficaces pour humidifier l'air et éliminer les polluants. Il demande peu de soins et vit très longtemps dans le même pot. Je dirais qu'il est idéal pour les apprenties mains vertes !
Emplacement : salon ou bureau lumineux mais sans soleil direct.
Absorbe : ammoniac, benzène, formaldéhyde, xylène (dégraissants, fumée de tabac, bois agglomérés, colles).

Faire pousser des graines

Au sens propre comme au figuré, il est possible de faire pousser des graines ! Par exemple, j'ai mis en place une jardinière avec des aromates à partager dans le hall de mon immeuble. Au début, la copropriété était sceptique : elle pensait que personne ne s'investirait mais, face au succès de mon petit *push* écologique, elle a développé l'offre : désormais nous avons aussi une bibliothèque partagée et un tableau d'affichage pour les services et les dons. Grâce à ces petits détails, nous nous sommes rencontrés entre voisins afin de discuter des axes d'amélioration de nos quotidiens : piétonnisation de la rue, mise en place d'un composteur de ville, d'une fresque, de tables d'échiquier dans la rue... Si je vous raconte tout cela, c'est pour que vous preniez conscience que nous avons tous un impact et la possibilité d'agir de différentes façons. Il n'y a pas qu'une forme d'action ou de militantisme et, parfois, il suffit d'une toute petite graine de basilic pour que, sans crier gare, une transformation majeure s'opère dans notre vie. Bien sûr, il est possible que votre tentative échoue (les mentalités n'étaient peut-être pas prêtes à vous écouter) mais au moins vous aurez essayé, vous aurez déposé votre graine. Je le répète donc : faites toujours de votre mieux avec bienveillance et positivité, vous influencerez les autres autour de vous et il y aura toujours, à terme, un effet boule de neige.

Faire pousser les bonnes fleurs

En faisant pousser les bonnes variétés de fleurs et de plantes sur les balcons, dans les jardinières et les jardins, nous participons à rééquilibrer les règnes végétal et animal mis à mal par les pesticides. C'est notamment le cas des plantes mellifères, qui sont de véritables alliées pour les oiseaux et les insectes !

Qu'est-ce qu'une plante mellifère ?

Ce sont des plantes qui portent le « miel », le nectar et le pollen que les insectes viennent butiner dans les fleurs pour se nourrir. Elles en produisent davantage que les autres : ce sont en priorité vers elles que vont se diriger les insectes pollinisateurs.

Pourquoi est-ce important d'aider les pollinisateurs ?

Certaines plantes se servent du vent pour le transport du pollen (phénomène à l'origine de leur reproduction), certaines comptent sur l'eau et d'autres sur les pollinisateurs (insectes, oiseaux, mammifères). À titre indicatif, 90 % des plantes à fleurs dépendent des animaux et 80 % dépendent des insectes pour se reproduire. Ainsi, si les insectes viennent à disparaître, la survie de l'humanité et des autres animaux sera compromise.

EN PRATIQUE

Quelles plantes mellifères semer au fil des saisons ?

À chaque saison, il est possible de faire pousser davantage de plantes mellifères autour de nous. Cette petite liste non exhaustive vous donnera quelques idées de variétés faciles à trouver issues de l'agriculture biologique en jardinerie (la période indiquée est celle des semis).

À savoir : sur les balcons et terrasses, les graines se développent mieux si elles sont placées quelques jours au réfrigérateur (graines stratifiées).

Au printemps : églantier, romarin, bourrache, marjolaine, lavande, sauge, thym, menthe, valériane officinale, lierre, muflier, violette, bruyère, crocus d'automne, châtaignier*, pommier*, noisetier*.

En été : pavot, phacélie.

En automne : pulmonaire**, lierre, arbousier, néflier, aster, muflier (sous abri), crocus de printemps.

En hiver : ail des ours, perce-neige.

*Pour ces cas spécifiques, je vous conseille d'aller acheter un plant de votre arbre en jardinerie, car la germination d'un semis peut prendre jusqu'à deux ans, et la plupart des graines ne prendront tout simplement pas. ** La germination de cette plante se produira au printemps, une fois les périodes froides passées.

Les fleurs coupées

Vous avez peut-être l'habitude d'acheter des fleurs coupées ; dans ce cas, veillez à questionner votre fleuriste sur leur provenance et à vous diriger uniquement vers des fleurs de saison. En effet, la plupart des fleurs que l'on trouve dans le commerce viennent de l'autre bout du monde. Prenons l'exemple des roses (souvent emblèmes de la Saint-Valentin et de l'amour), qui comptent parmi les fleurs coupées les plus populaires : elles sont extrêmement rares à trouver de manière locale et en saison, et viennent en majorité du Kenya et d'Équateur. Cette industrie des fleurs est très polluante et pose les problèmes suivants :

- assèchement des nappes phréatiques et des lacs (ce qui est d'autant plus alarmant dans des pays comme le Kenya où il s'agit d'une ressource rare) ;
- intoxication des personnes travaillant dans ces centres de production à cause des pesticides utilisés ;
- pollution liée au transport jusqu'en Europe et jusqu'aux États-Unis.

C'est pourquoi je vous conseille d'opter pour des fleurs de saison qu'on trouve facilement en France, dans votre région, ou pour une plante en pot, plus durable.

EN PRATIQUE

Quand acheter mes fleurs préférées ?

De nos jours, la plupart des fleurs sont cultivées sous des serres (parfois chauffées). Cela ne permet pas de sauvegarder la biodiversité car les insectes et animaux pollinisateurs ne peuvent pas se nourrir du pollen. C'est pourquoi, dans notre démarche, nous leur préférerons les fleurs sauvages non protégées (dans la limite du raisonnable) ou les fleurs labellisées « fleurs de France », afin de valoriser l'horticulture française.

Au printemps	En été	En automne	En hiver
Rose	Tournesol	Chrysanthème	Jasmin d'hiver
Tulipe	Hortensia	Lys	Gui
Anémone	Œillet	Immortelle (*Helichrysum*)	Cyclamen
Jacinthe	Lavande	Graminées	Houx
Amaryllis	Marguerite		Pensée
Jonquille	Jasmin d'été		Mimosa
Lilas	Glaïeul		
Iris	Gypsophile		
Bleuet	Chardon		
Muguet	Dahlia		
Renoncule			
Pivoine			

La floraison d'une fleur peut être à cheval sur plusieurs saisons ; pour plus de simplicité j'ai indiqué dans ce tableau la saison du début de floraison.

DIY

Faire un bouquet de fleurs séchées

Les fleurs séchées ont le vent en poupe et sont vendues assez cher. Pourtant, comme vous allez le voir, c'est un jeu d'enfant à réaliser soi-même ! Elles apportent tout de suite un côté très romantique à une pièce. Personnellement, j'en ai utilisé pour fleurir mon mariage éthique et vintage et les ai offertes le lendemain aux invités qui en souhaitaient.

étapes

1. Achetez des fleurs fraîches qui vous plaisent (en sachant que les fleurs à pétales flétrissent – sauf les pavots et les coquelicots, qui eux perdront leurs pétales : il ne restera que la cosse, mais cela peut être très joli).
2. Ne les mettez surtout pas dans un vase avec de l'eau : dès l'achat, pendez votre bouquet tête en bas afin de conserver la forme des fleurs et des feuilles et que les pétales ne tombent pas.
3. Laissez votre bouquet ainsi durant 3 semaines.
4. Placez enfin votre bouquet dans un vase, sans eau.

snacks

Célébrer plus *slow*

Les fêtes et les célébrations font partie de la vie, il est hors de question que nos convictions nous empêchent de profiter de ces moments de bonheur. Ainsi, en faisant preuve de créativité et d'ouverture d'esprit, on arrive facilement à célébrer de manière plus *slow*.

L'ASTUCE DE NOISETTE

Pour ma part, mon plus gros challenge a été l'organisation de mon mariage éthique et végétal. Nous avons réussi à l'organiser en partant du principe que notre mariage devait nous ressembler avant toute autre chose : vaisselle de brocantes, cérémonie laïque, robe vintage, fait maison. Nous en gardons un excellent souvenir et n'avons eu que des retours élogieux.

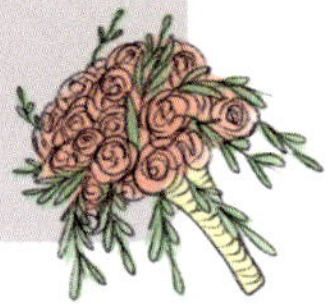

Apprendre à recevoir plus *slow*

J'aime recevoir et, à mon sens, cela fait partie intégrante de mon art de vivre *slow*. Rendre son lieu de vie accueillant, simplement et sans extravagance prétentieuse permet à chacun de se sentir bienvenu et libre de profiter du moment présent. Quand on est attentif à l'essentiel, on oublie les détails superflus pour se concentrer avec humilité sur l'accueil et l'écoute de l'autre. Souvent, quand j'entre chez quelqu'un qui sait que je suis minimaliste, la personne s'excuse du désordre. Je reprends alors toujours mon hôte : « Chouette, une maison qui vit et pas une maison témoin ! » Nous ne vivons pas dans des intérieurs pour qu'ils soient aseptisés et parfaits. C'est la différence entre une maison, un appartement et un « chez soi ». Ce dernier accueille entre ses quatre murs le cœur d'un foyer.

L'ASTUCE DE NOISETTE

Un petit bonheur *slow* est d'avoir un panier à chaussons et d'en proposer aux invités. C'est un geste tout bête mais lourd de sens : nous avons toujours des chaussons là où on se sent « chez soi ».

Faire des cadeaux *slow*

Je crois qu'il est important de se demander pourquoi nous décidons de faire un cadeau et d'aller au-delà de la tradition. Évidemment, je ne suis pas contre les traditions, mais je crois qu'elles ne sont saines que si elles apportent réellement du plaisir. Ainsi, plutôt que de penser à un cadeau matériel à offrir, il vaut mieux à mon sens penser à ce qui rendra tout le monde heureux. Si vous ne souhaitez pas recevoir de cadeaux matériels à votre anniversaire, votre crémaillère ou votre mariage par exemple, ne soyez pas passif, car en pensant bien faire vos proches vous offriront des bricoles ! N'hésitez donc pas à anticiper et à ouvrir par exemple une cagnotte pour quelque chose qui vous plairait vraiment (une place de concert, un événement sportif, un voyage, un projet associatif ou entrepreneurial...). Ne pensez pas que les gens autour de vous seront choqués, bien au contraire, ils seront ravis de ne pas avoir à se creuser les méninges pour trouver quelque chose qui vous rendra heureux.

EN PRATIQUE

Les idées de cadeau *slow*

Voici quelques idées de cadeaux pour faire plaisir à tout le monde sans pour autant mettre de côté vos convictions :

- Les cadeaux immatériels : un voyage, un billet pour un événement, une sortie...
- Les bons cadeaux : bon pour un massage, bon pour une soirée film et pop-corn... J'adore ce principe de cadeau totalement personnalisable !
- Un cadeau collectif : cela permet de faire un plus gros cadeau qui va plaire et sera utile.
- Du fait maison : un panier gourmand maison, un produit de beauté maison, un bocal avec les ingrédients secs pour réaliser le brownie vegan (voir page 27)...

Pour ce qui est des emballages, j'utilise la méthode du *furoshiki*, une technique traditionnelle japonaise qui consiste à emballer le présent dans un tissu qui va pouvoir être réutilisé. Pour cela, je récupère des chutes de tissu dans les magasins Emmaüs et les recycleries.

Des vacances autrement

Lorsqu'on part en vacances, on emmène avec soi nos convictions et toute notre bonne volonté dans la valise ! Dans la mienne se trouve une trousse de toilette majoritairement solide, composée des produits que j'utilise au quotidien dans leur format « voyage » : dentifrice solide, shampoing solide, huile démaquillante solide[1]. L'avantage d'opter pour ces produits est multiple : ils sont écologiques, ils ne risquent pas de se renverser, ils sont acceptés dans le bagage cabine en avion... Pensez aussi « minimaliste en voyage » : à quoi bon emporter tout votre placard ? Prévoyez plutôt trois tenues de tous les jours avec des hauts interchangeables, et une tenue plus habillée. Personnellement, j'ai pris l'habitude de rouler mes vêtements. Cette méthode ne froisse pas et n'abîme pas les vêtements pendant le voyage. Enfin, je n'oublie pas de glisser dans mon sac à main ma trousse sans déchet avec mes couverts en bois afin d'éviter de créer des déchets dans les pays qui m'accueillent.

1. La petite marque française vegan et naturelle Pachamamaï présente tous ses produits en format voyage et sans déchet.

Le cas de l'avion

Dernièrement, les déplacements en avion ont été largement critiqués. Je pense qu'il ne faut pas surculpabiliser le citoyen de l'absence de prise en compte de ces questions par le politique (comme pour la voiture, la transition énergétique, etc.). N'oublions pas que l'aviation civile ne représente que 3 % des émissions de CO_2, la majorité des frets aériens concernent le transport de marchandises. Il est donc bien moins impactant d'acheter local et de prendre l'avion une fois de temps en temps que de ne jamais prendre l'avion et faire ses courses en grande surface, ainsi que son shopping dans les enseignes de *fast fashion* à chaque période de soldes !

Prendre l'avion de façon plus raisonnée

- On évite de prendre l'avion pour les rendez-vous (y compris professionnels) qui peuvent être substitués par des conférences téléphoniques ou sont accessibles avec le train.
- On évite de prendre l'avion pour le temps d'un week-end ou des périodes courtes.
- Il n'y a pas de mal à prendre l'avion si c'est pour des opportunités personnelles et professionnelles importantes.
- Il n'y a pas de mal à prendre l'avion si on reste longtemps dans le pays de destination.
- Il n'y a pas de mal à prendre l'avion si notre voyage a un impact positif, comme une intervention, un projet humanitaire, des conférences ou de la sensibilisation. À mon sens, l'impact positif provoqué par ces projets est bien supérieur à celui, négatif, d'un transport aérien.

Le vacancier éco-conscient

Lorsque vous vous promenez ou que vous faites des randonnées, soyez conscient de votre impact sur la faune et la flore locales. Par exemple, veillez à ne pas déranger les animaux en prenant beaucoup de photos, notamment ceux qui sortent d'hibernation et ont besoin de récupérer des forces. Et bien sûr, n'essayez jamais de les caresser, de les attraper ou de les nourrir ! Sachez que lorsque vous prenez un animal en photo, il arrête de se nourrir pour vous observer. Si cela se répète pour chaque randonneur qu'il croise, il peut perdre jusqu'à plusieurs mois de réserve alimentaire.

L'ASTUCE DE NOISETTE

Au quotidien comme en vacances, pensez à ramasser les déchets autour de vous. Il suffit pour cela d'avoir toujours un sac sur soi dans lequel on peut collecter les déchets croisés.

De même, ne réalisez pas de cairn – ces empilements de petits galets – sur votre chemin. En apparence anodins, ils déséquilibrent à grande échelle l'habitat des insectes et de la flore ; cette technique est à réserver au balisage de sentier en montagne lorsque les tracés deviennent peu marqués. Enfin, pensez à vous rendre dans les offices de tourisme afin d'avoir des précisions sur les espèces et variétés protégées, pour ne pas faire d'écueil.

Voyager autrement

N'oubliez pas que beaucoup dans le monde rêvent de venir visiter la France. Le Colorado provençal, les gorges du Sud, nos villages pittoresques, le mont Saint-Michel, les criques de Corse... il y a tellement à voir dans notre pays, avant d'aller à l'autre bout du monde ! Si vous souhaitez partir à l'aventure, loin de moi l'idée de vous juger, on apprend à se connaître aussi en allant découvrir d'autres cultures. Mes meilleurs souvenirs viennent de séjours à l'étranger : du camping sauvage dans les parcs naturels de Norvège réveillée par la mer du Nord, une rivière, les moutons ou les élans, jusqu'à cette pizza à Pise avec des locaux rencontrés par hasard sur la route. Chacune de ces rencontres permet d'ouvrir nos horizons et notre appréhension du monde. Je n'aurai donc qu'un conseil : pensez à sortir de votre zone de confort, à aller au contact des locaux, à ne pas rester dans les espaces touristiques, à ne pas visiter que les lieux en vogue sur les réseaux sociaux ! Enfin, prenez le temps, laissez votre téléphone de côté et savourez l'instant : vous êtes arrivé jusque-là, jusqu'à ce moment précis qui a une saveur complètement *slow*.

Je mesure mes progrès

au quotidien

	jour 1	à 6 mois	au bout de 1 an
J'ai mis en place des habitudes pour travailler plus *slow*.	○	○	○
Je mets en place et j'encourage les gestes *slow* au travail.	○	○	○
Je transporte toujours sur moi ma trousse sans déchet.	○	○	○
Je fais une *digital detox*.	○	○	○
J'adopte le minimalisme numérique.	○	○	○
J'adopte des plantes dépolluantes dans mon quotidien.	○	○	○
Je sème des pousses mellifères pour aider les pollinisateurs.	○	○	○
Je fais des cadeaux *slow* dans des *furoshiki*.	○	○	○
J'ai appris à recevoir plus *slow*.	○	○	○
Je passe des vacances autrement.	○	○	○

Conclusion

Accepter...

Nous sommes arrivés à la fin de notre chemin ensemble mais, avant de vous quitter, je vais vous donner quelques conseils que j'aurais moi-même aimé lire un jour.

Se féliciter des progrès !

Si ce livre est entre vos mains aujourd'hui, c'est que vous avez eu l'envie de vous améliorer et d'améliorer votre quotidien. Vous avez déjà fait un bon premier pas : celui de l'introspection critique. En lisant ces pages, vous avez peut-être été motivé à changer ; avec le temps, même si cela peut vous paraître loin, vous réussirez à appliquer ces conseils. Chaque action que vous faites dans votre quotidien ne changera certes pas radicalement la face du monde, toutefois elle vous changera vous ; vous vous rapprocherez d'un idéal auquel vous croyez. C'est cela que j'appelle progresser.

Agir

Il est impossible de tout contrôler en permanence dans votre vie, car tout ne dépend pas de vous et de votre simple volonté. Certains enjeux demanderont des décisions politiques d'envergure – je pense par exemple aux questions énergétiques, aux transports, au bien-être animal, au monde du travail... Quelle serait l'utilité de vous déprimer concernant ces sujets ? Au contraire, concentrez-vous sur les leviers auxquels vous avez accès et qui vous épanouissent. Il existe mille manières d'être engagé et militant et toutes ne demandent pas d'être en action sur le terrain ou dans la rue ! Vous pouvez utiliser vos talents pour agir autrement :

- par l'écriture : tenir un blog, un podcast, un journal local, un livre... ;
- par l'art : créer une œuvre d'art, un projet photo ou cinéma... ;
- par le bénévolat : en offrant son temps dans une association... ;
- pour transmettre : en enseignant, en mettant en place des espaces de parole, des ateliers, des tables rondes...

Je crois que c'est en cumulant différentes approches que l'on parvient à sensibiliser durablement les personnes autour de nous et à faire évoluer les mentalités.

Il n'y a pas d'impact zéro

Tout a un impact : le simple fait de respirer et de recracher du CO_2 a un impact. Pourtant il serait impensable de nous en excuser, n'est-ce pas ? Par extension, il en est de même dans les autres domaines de la vie. Ne cherchons pas le zéro mais l'alternative positive. Il arrivera sans doute parfois que vos actions ne soient pas parfaitement en accord avec vos convictions. Dans ce cas je n'ai qu'un conseil : voyez ces écarts comme des apprentissages. Si vous saviez combien j'ai échoué et combien j'ai appris ! C'est ce qui m'a donné chaque fois l'envie de faire un peu mieux, un peu autrement.

Laisser le temps faire son œuvre

Il ne suffit pas de tout jeter pour devenir minimaliste, et cette évolution des mentalités ne se fait pas du jour au lendemain. Il faudra accepter que ce changement d'état d'esprit est un cheminement plus ou moins long en fonction de votre ligne de départ. Il n'existe pas de « pack débutant » ou de « pack expert » ; c'est le temps qui vous permettra de gagner en sérénité dans vos choix. Vous réussirez, de manière indépendante (c'est en tout cas la vocation de cet ouvrage), à vous aiguiller vers un comportement conscient et juste.

Votre chemin est unique

Je n'ai pas écrit ces pages pour être votre source de comparaison. Ne vous comparez pas, ni à moi, ni aux autres : ce serait le meilleur moyen de vous culpabiliser et d'abandonner avant même d'avoir essayé. Car on trouve toujours sur son chemin quelqu'un qui nous paraît « faire mieux ». Ne laissez pas les réseaux sociaux, notamment, vous imposer un modèle idéal, une représentation unique du minimalisme, du vegan ou que sais-je encore. Expérimentez par vous-même et gardez dans votre quotidien ce qui vous correspond.

Ayez de l'humilité

Ne vous attribuez pas les mérites des changements qui pourraient se produire chez vos proches et/ou connaissances, quand bien même vous en seriez « responsable », et n'attendez pas de remerciements ou d'éloges. Après des millénaires d'existence, le Soleil n'a jamais demandé à la Terre de le remercier... N'oubliez pas de donner sans compter ; c'est avec du partage et de la bienveillance qu'on éclaire un ciel. Alors vraiment, encouragez toujours les autres autour de vous plutôt que de sombrer dans le reproche.

... et grandir !

Prenez le temps

Prenez le temps de faire ce que vous aimez ! Passer sa vie dans les interdits (les régimes, les non-dits, les frustrations...), c'est s'envoyer un très mauvais message. Regardez donc votre vie et repérez ce qui vous rend vivant. Si vous vous entendez dire : « J'aimerais... mais je n'ai pas le temps de... », alors il est temps de vous donner ce temps. Nous sommes toujours très occupés, mais en érigeant votre bonheur au rang de vos priorités, vous vous donnez une chance de l'atteindre. Aller vous coucher le soir avec le sentiment d'être fier de vous, cela ne mérite-t-il pas autant votre attention que d'autres obligations ?

La fin n'est qu'un début

Avec ces mots, notre voyage ensemble se termine, mais un autre commence. Quand vous fermerez ce livre, vous écrirez votre propre « autrement », celui qui vous fera vibrer bien au-delà des cases étroites, celui qui vous conduira au bonheur auquel vous avez le droit d'aspirer. Je vous souhaite une bonne route sur votre chemin – n'oubliez pas de composer votre ode aux petits bonheurs simples, cette bande-son mentale vous aidera à vous épanouir.

Et, si je peux me permettre de vous demander un service ?

Si la lecture de ce livre améliore un peu votre vie, vous apporte des réponses ou de l'aide, ou vous fait juste vous sentir un peu mieux, s'il vous inspire pour prendre de nouvelles habitudes plus durables, alors parlez-en autour de vous. Offrez, donnez ou prêtez un exemplaire. Non pas pour prêcher la bonne parole, mais pour montrer qu'il existe des changements bienveillants, qu'on peut « vivre autrement » sans tomber dans la culpabilisation de soi et de l'autre. Trop souvent, on ne voit que la radicalité dans les mouvements (sociaux, écologiques...) parce que c'est ce qu'on entend le plus (ou c'est ce qu'on nous montre le plus). Comme le disait si justement Gandhi : « Un arbre qui s'abat fait plus de bruit qu'une forêt qui pousse. »
Soyons cette petite forêt silencieuse qui, soudainement, se met à parler.

Challenge !

1 mois plus *slow* avec des bonheurs simples

Pour s'offrir des moments simples qui rendent heureux, il suffit de faire durant 1 mois au moins l'une de ces actions tous les 2 jours. Vous pouvez aussi, si vous vous sentez inspiré·e, compléter cette liste !

- ◯ Faire une balade dans la nature.
- ◯ Cuisiner une recette végétale du monde.
- ◯ Organiser une soirée « spa » à la maison avec des produits naturels.
- ◯ Lire un livre ou un magazine.
- ◯ Organiser une soirée jeux de société.
- ◯ Écrire dans un carnet 10 gratitudes concernant la semaine ou le mois passé.
- ◯ Fabriquer un objet avec vos mains.
- ◯ Appeler un proche.
- ◯ Faire une séance guidée de méditation ou de sophrologie.
- ◯ Trier votre maison pour vous désencombrer mentalement.
- ◯ Faire une soirée cinéma : regarder un film en mangeant du pop-corn.
- ◯ Faire des photos souvenirs.
- ◯ Faire un brunch.
- ◯ Écouter un album que vous adorez.
- ◯ ______________________
- ◯ ______________________
- ◯ ______________________

Un espace numérique exclusif !

À l'aide de votre smartphone, ouvrez votre appareil photo ou votre application pour scanner le QR code[1] ci-dessous. Vous accéderez ainsi à un espace exclusif qui vous est réservé, avec des ressources présentées dans l'ouvrage ou encore des informations complémentaires pour aller plus loin !

Mot de passe : autrement

1. Si vous n'arrivez pas à scanner le code, rendez-vous à l'adresse suivante : https://laptitenoisette.com/autrement-lespace-exclusif/

La table des matières

La salle de bains

Le ménage

Le quotidien

Merci

À Paris il y a le mur des « je t'aime », dans mon cœur un mur avec les prénoms de toutes ces personnes qui, en croisant un jour mon chemin, parfois sans même le savoir, ont changé ma vie à jamais.

À mon mari, ma famille et mes amis. Vous êtes mon bonheur. Et je mesure chaque jour ma chance de marcher sur le même chemin que des personnes si rayonnantes. À mon chat Bulle qui, à défaut de savoir lire, a tout fait pour apparaître dans l'ouvrage.

À mes éditrices, ces petites fées Wendy et Céline des Éditions La Plage. Merci d'avoir cru en ce projet et de l'avoir soutenu avec tant de bienveillance et d'énergie. Votre soutien a porté cet ouvrage bien au-delà de ce que j'aurais osé imaginer.

Enfin, j'aurai une gratitude toute particulière à votre égard, vous, mes noisettes, qui me lisez depuis toutes ces années et sans qui ce chemin de vie serait bien différent. Vous avez toute votre place sur cette page.

N'hésitez donc pas à écrire votre nom sur la ligne qui suit.

Achevé d'imprimer en septembre 2021

Frauen zwischen Straße und Strafe

Petra Metzger
Christiane Niesel

VW